AF341444

LA
SYNONYMIE
FRANÇAISE.

Se trouve à Paris,

Chez { BRUNOT-LABBE, quai des Augustins.
       ARTHUS BERTRAND, rue Haute-Feuille.

LA
SYNONYMIE
FRANÇAISE,
OU
DICTIONNAIRE

De tous les Synonymes définis jusqu'à ce jour, par MM. Girard, Beauzée, Roubaud, Guizot, et autres auteurs :

Ouvrage principalement destiné aux jeunes gens, qui y trouveront un rapprochement succinct des Synonymes de la langue française, et une détermination précise des nuances d'acception particulières à chacun d'eux.

Par J. L. Piestre, de l'Académie de Lyon.

TOME SECOND.

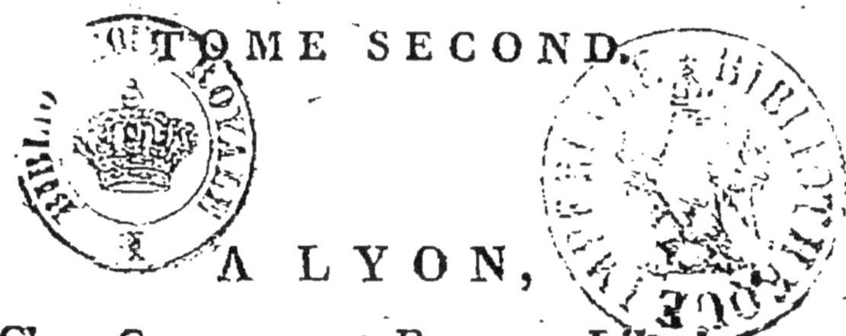

A LYON,

Chez Cormon et Blanc, Libraires.

1810.

LA SYNONYMIE FRANÇAISE.

I

ICI, LÀ.

Ici est le lieu même où est la personne qui parle. *Là* est un lieu différent. On dit venez *ici*, et allez *là* : l'un est plus près, l'autre est plus éloigné.

IDÉE, PENSÉE, IMAGINATION.

L'*idée* représente l'objet ; la *pensée* le considère ; l'*imagination* le forme.

On est sûr de plaire dans la conversation, quand on a des *idées* justes, des *pensées* fines, et des *imaginations* brillantes.

ILLUSION, CHIMÈRE.

Une *illusion* est l'effet d'une chose ou d'une idée qui nous déçoit par une apparence trompeuse ; une *chimère* est une idée destituée de fondement.

Une *chimère* est ce qui n'existe point, ce qui ne peut exister. Une *illusion* est la manière fausse dont nous voyons une chose qui existe ou qui peut exister. Une chose fausse

Tome II.   A

est une *chimère;* une chose mal vue fait *illusion.*

Le bonheur s'entretient souvent d'*illusions :* la folie est fondée sur des *chimères.*

IMAGINER, S'IMAGINER.

Imaginer, c'est former quelque chose dans son esprit; c'est, en quelque sorte, créer une idée, en être l'inventeur.

S'imaginer, c'est tantôt se représenter dans l'esprit, tantôt croire et se persuader quelque chose.

Celui qui *imagina* les premiers caractères de l'alphabet a bien des droits à la reconnaisssance du genre humain. Les esprits inquiets s'*imaginent* d'ordinaire les choses tout autrement qu'elles ne sont.

Celui qui *imagine* une chose se la figure; celui qui *se l'imagine*, se la figure telle qu'il l'*imagine*. Le premier invente, et peut n'être pas persuadé lui-même : le second s'identifie avec son invention; il est persuadé.

IMITER, COPIER, CONTREFAIRE.

C'est l'action de faire ressembler.

On *imite* par écrit; on *copie* les tableaux; on *contrefait* les personnes. On *imite* en embellissant; on *copie* servilement; on *contrefait* en chargeant.

IMMANQUABLE, INFAILLIBLE.

Immanquable, ce qui ne peut manquer, ce qui arrivera certainement.

Infaillible, qui ne peut être en défaut, errer, se tromper ou être trompé.

Immanquable ne se dit que des choses : un événement est *immanquable* ; le succès d'une entreprise bien combinée est *immanquable*.

Infaillible se dit proprement des personnes, de la science, de l'opinion : un oracle, une prédiction, une conséquence est *infaillible*.

Infaillible, appliqué aux choses, diffère d'*immanquable*, en ce que celui-ci désigne que l'objet est en lui-même certain, et qu'*infaillible* marque la certitude idéale qu'on a, une science certaine de l'objet. Le lever du soleil est *immanquable* ; c'est l'ordre de la nature. Une règle d'arithmétique est *infaillible* ; elle est fondée sur l'évidence.

IMMODÉRÉ, DÉMESURÉ, EXCESSIF, OUTRÉ.

Ce qui passe le juste milieu et tend à l'extrême, est *immodéré*. Ce qui passe la mesure et ne garde plus de proportion, est *démesuré*. Ce qui passe par-dessus les bornes et se répand au dehors, hors de là, est *excessif*. Ce qui passe de beaucoup le but, et va loin par-delà, est *outré*.

La chose *immodérée* pèche par trop de force et d'action ; la chose *démesurée* pèche

beaucoup, par trop d'étendue et de grandeur;
la chose *excessive* pèche par surabondance et
abus; la chose *outrée* pèche par violence et
exagération.

IMMUNITÉ, EXEMPTION.

L'*immunité* est la dispense d'une charge
onéreuse; l'*exemption* est une exception à
une obligation commune. L'*exemption* vous
met hors de rang; l'*immunité* vous met à l'a-
bri d'une servitude.

Immunité ne se dit proprement qu'en matière de jurisprudence et de finance : c'est une
exemption de charges civiles ou de droits
fiscaux. L'*exemption* s'applique à tous les
genres de charges, de droits, de devoirs,
d'obligations; ainsi, on dit *exemption* de
soins, de vices, d'infirmités, dans l'ordre
moral ou physique.

Les *libertés*, les *franchises*, les *immu-
nités*, les *exceptions*, sont souvent associées
et mêlées dans le style des règlemens. Les
libertés et les *franchises* consistent à n'être
point sujet à certaines charges ou devoirs;
l'*immunité* et l'*exception* consistent à en être
déchargé par une concession particulière,
sans laquelle on y serait sujet.

IMPERFECTION, DÉFAUT, DÉFECTUOSITÉ.

Le *défaut* est ou le manque d'une bonne
qualité, d'un avantage qu'il convient, mais
qu'il n'est pas absolument nécessaire d'avoir

pour être bien ; ou une qualité positive, répréhensible et désavantageuse, qui contrarie, qui affaiblit, offusque ce qu'on a de beau, de bien.

La *défectuosité* est uniquement un défaut de forme, de conformation, de configuration, ou tout autre accident qui ôte à la chose une propriété, la rend informe, difforme, et non conforme, ou peu propre à sa destination.

Imperfection n'exprime proprement qu'un défaut négatif, l'absence, la privation, le manque.

L'*imperfection* laisse quelque chose à désirer et à ajouter. Le *défaut* laisse quelque chose à reprendre et à corriger. La *défectuosité* laisse quelque chose à réformer et à suppléer.

L'*imperfection* dégénère en *défaut*; le *défaut*, en *vice*; la *défectuosité* en *difformité*.

IMPERTINENT, INSOLENT.

L'*impertinent* manque, avec impudence, aux égards qu'il convient d'avoir. L'*insolent* manque, avec arrogance, au respect qu'il doit porter. Le premier vous choque; le second vous insulte.

L'*impertinent* est ridicule, insupportable. L'*insolent* est odieux, punissable.

Les airs de la fatuité, de la prétention, sont *impertinens*; les airs de hauteur, de dédain, sont *insolens*.

A 5

IMPÉTUEUX, VÉHÉMENT, VIOLENT, FOUGUEUX.

La vigueur de l'essor et la rapidité de l'action sur un objet, caractérisent l'*impétuosité*. L'énergie et la rapidité constante des mouvemens distinguent la *véhémence*. L'excès et l'abus, ou les ravages de la force dénotent la *violence*. La *violence* et l'éclat de l'explosion signalent la *fougue*.

Une bravoure *impétueuse* fait une belle action. Un caractère *véhément* exécute avec une grande vivacité de grandes choses. Une humeur *violente* se porte à tous les excès. Un homme *fougueux* fait de grands écarts.

Impétueux et *véhément* ne s'appliquent qu'au mouvement et à ses causes ; avec cette différence, que le mouvement *impétueux* est plus précipité et moins durable ou moins égal que celui de la *véhémence*.

Violent se dit de tout genre d'excès et d'abus de la force. *Fougueux* ne tombe que sur les êtres animés ou personnifiés.

IMPIE, IRRÉLIGIEUX, INCRÉDULE.

L'*impie* s'élève contre la divinité ; l'homme *irréligieux* rejète toute espèce de culte et d'adoration ; l'*incrédule* en matière de religion dispute contre la croyance qui lui a été enseignée.

IMPOLI, GROSSIER, RUSTIQUE.

C'est un plus grand défaut d'être *grossier* que d'être simplement *impoli* ; et c'en est encore un plus grand d'être *rustique*.

L'*impoli* manque de belles manières ; il ne plaît pas. Le *grossier* en a de désagréables ; il déplaît. Le *rustique* en a de choquantes ; il rebute.

IMPORTUN, FÂCHEUX.

Ce qui est *importun* nous agite, nous fatigue, nous tourmente. Ce qui est *fâcheux* nous déplaît, nous gêne, ou nous ennuie. C'est un *fâcheux* voisinage que celui d'un lieu de mauvaise odeur : un bruit continuel est *importun*.

Un *fâcheux* est celui qui par sa présence vient troubler des momens agréables pour nous : un *importun*, celui qui vient nous arracher à des occupations qui nous attachent.

IMPÔT, IMPOSITION, TRIBUT, CONTRIBUTION, SUBSIDE, SUBVENTION, TAXE, TAILLE.

L'*impôt* est la charge imposée, selon la nature des choses, sur les revenus particuliers, pour former un revenu public, essentiellement affecté aux dépenses nécessaires à la sûreté, à la prospérité de l'État.

L'*imposition* est un *impôt* particulier, établi en tel temps, de telle manière.

Le *tribut* est un droit attribué au prince sur ceux qui lui sont soumis, selon des insti-

tutions, des conventions, des règles particulières.

La *contribution* est proprement tel tribut
extraordinaire, additionnel, particulier, variable, payable par tel ordre de personnes
qui *contribuent* au même objet.

Le *subside* est le secours accordé à celui
qui le reçoit par ceux qui le payent.

La *subvention* est un imposition auxiliaire,
ou une augmentation d'*impôt* accordée ou
exigée dans une nécessité pressante. C'est
proprement un secours fait pour cesser avec
le besoin.

La *taxe* est proprement une imposition
extraordinaire en deniers ou sommes déterminées et proportionnelles, mise, dans certains cas, sur certaines personnes.

La *taille* était une *imposition* particulière
sur la *roture*, et, dans son origine, une ca-
pitation.

L'*impôt* est payé par le citoyen, comme
membre de la société. Les *impositions* sont
des prescriptions faites au citoyen par le souverain. Le *tribut* et les *contributions* sont
payées par les sujets, les vassaux, les vaincus,
et même les princes souverains, comme un
gage de dépendance. Le *subside* est payé par
un peuple politiquement libre ou considéré
comme tel, parce qu'il s'impose lui-même.
La *subvention* est payée passagèrement par
la nécessité, par le citoyen comme par le sujet, et par les peuples politiquement libres

comme par les autres. Les *taxes* sont payées
par les sujets ou par certaine classe de sujets.
Les *tailles* sont payées par le peuple, ainsi
qu'elles l'ont été par des vassaux ou par des
serfs.

IMPRÉCATION, MALÉDICTION, EXÉCRATION.

L'*imprécation* est une prière; elle invoque
la puissance contre un objet, et part de la
colère et de la faiblesse.

La *malédiction* est un souhait ou un arrêt
prononcé contre l'objet; elle vient de la justice et de la puissance.

L'*exécration* dévoue l'objet à la vengeance
céleste; elle naît d'une horreur religieuse.

IMPRÉVU, INATTENDU, INESPÉRÉ, INOPINÉ.

Imprévu, ce qui arrive sans que nous
l'ayons *prévu*; il regarde les choses qui forment l'objet particulier de notre prévoyance.
Au milieu de notre course, un obstacle *imprévu* nous arrête.

Inattendu, ce qui arrive sans que nous
nous y soyons *attendus*; il regarde les choses
qui forment l'objet particulier de notre *attente*. La visite d'une personne avec qui vous
n'êtes pas en société ou en relation d'affaires,
est *inattendue*.

Inespéré, ce qui arrive que nous n'osions
espérer; il regarde les choses qui forment
l'objet de nos *espérances*, et par conséquent

de nos désirs. Une faveur long-temps sollicitée en vain, est *inespérée*.

Inopiné, ce qui arrive subitement, sans que nous ayons pu l'*imaginer*, ou y *songer*; il regarde les choses qui font le sujet de notre surprise. La chute subite d'un bâtiment neuf est *inopinée*.

IMPUDENT, EFFRONTÉ, ÉHONTÉ.

L'*impudent* n'a point de décence; il ne respecte ni les choses, ni les hommes; il brave avec une excessive effronterie les lois de la bienséance, et viole de gaîté de cœur l'honnêteté publique.

L'*effronté*, avec une hardiesse insolente, affronte ce qu'il devait craindre, et franchit les bornes posées par la raison, la règle, la société.

L'*éhonté*, avec une extrême *impudence*, se joue de l'honnêteté et de l'honneur; il n'y a rien qu'il n'ose, qu'il ne brave, qu'il ne viole de sang froid.

INACTION, DÉSŒUVREMENT, OISIVETÉ.

L'*inaction* est l'état de celui qui ne fait rien; c'est la cessation de toute activité.

Le *désœuvrement* est l'état de celui qui n'a rien à faire.

L'*oisiveté* est l'état de celui qui fait des riens, dont la vie se passe sans occupations importantes; elle suppose de l'indolence.

Inadvertance, inattention.

L'*inadvertance* désigne le défaut ou la faute de n'avoir pas tourné ou porté ses regards sur un objet, de manière qu'on n'a pu traiter la chose comme elle l'exigeait.

L'*inattention* est le défaut ou la faute de n'avoir pas fixé sa pensée sur un objet, de manière à pouvoir traiter la chose comme on le devait.

Dans l'*inadvertance*, vous n'avez pas pris garde; mais vous n'étiez point averti : c'est un accident involontaire. Dans l'*inattention*, vous étiez averti de prendre garde, et vous ne l'avez pas fait : c'est une négligence répréhensible.

Un homme abstrait, absorbé dans ses abstractions, est sujet à de grandes *inadvertances*; il ne voit ni n'entend. Un homme distrait, emporté par ses distractions, est sujet à de grandes *inattentions*; il voit sans remarquer, il entend sans distinguer.

Inaptitude, incapacité, insuffisance, inhabileté.

L'*inaptitude* est le contraire *d'aptitude*; et l'*aptitude* est une disposition naturelle et particulière qui rend fort propre à une chose.

L'*incapacité* est le contraire de *capacité*; et la *capacité* est une faculté assez grande pour pouvoir saisir, embrasser et contenir son objet; et, par analogie, la faculté de concevoir, de comprendre, d'exécuter.

L'*insuffisance* est le défaut de celui qui n'a pas le pouvoir proportionnel, ou qui ne possède pas les moyens nécessaires pour réussir.

L'*inhabileté* est le contraire de l'*habileté*; et l'*habileté* est cette qualité par laquelle une puissance exercée réunit à la supériorité d'intelligence la facilité de l'exécution.

L'*inaptitude* exclut tout talent; l'*incapacité*, tout pouvoir et tout espoir: l'*insuffisance* exclut des moyens proportionnés à la fin; l'*inhabileté*, le talent et l'art qui, dans les difficultés, font les bons et prompts succès.

On peut ajouter à ces mots celui d'*impéritie*, qui désigne l'ignorance de l'art qu'on professe, la grande *inhabileté* de celui qui devrait avoir les connaissances nécessaires pour la fonction qu'il exerce.

INCENDIE, EMBRASEMENT.

L'*embrasement* est une sorte de conflagration ou de combustion totale, ou plutôt un feu général.

L'*incendie*, au contraire, a des progrès successifs; il s'allume, il s'accroît, il se communique, il gagne, il *embrase* des masses énormes, des maisons, des villages, des forêts.

L'*incendie* est un courant de feu; l'*embrasement* présente un brasier ardent.

L'*embrasement* ne présente l'objet que

sous un aspect physique ; l'*incendie* le pré-sente en outre sous un aspect moral. C'est l'effet naturel que nous considérons dans l'*embrasement* ; c'est un malheur, et un grand malheur, que nous considérons dans l'*incendie.*

Au figuré, une guerre qui s'allume succes-sivement entre plusieurs puissances, une ré-volte qui gagne d'une province à l'autre, for-ment des *incendies.* Une guerre qui est allu-mée tout à la fois en divers pays, une révolte qui a éclaté tout-d'un-coup dans plusieurs provinces, sont des *embrasemens.*

INCERTITUDE, DOUTE, IRRÉSOLUTION.

Ces mots marquent tous les trois une indé-cision.

L'incertitude vient de ce que l'événement des choses est inconnu. Le *doute* vient de ce que l'esprit ne sait pas faire un choix. L'*irré-solution* vient de ce que la volonté a de la peine à se déterminer.

INCLINATION, PENCHANT.

L'inclination dit quelque chose de moins fort que le *penchant.* La première nous porte vers un objet, et l'autre nous y entraîne.

On a de l'*inclination* pour les objets hon-nêtes, pour les arts, les sciences, etc. L'objet du *penchant* est ordinairement sensuel, et quelquefois même honteux : on a du *penchant* à la débauche, à l'ivrognerie, au jeu.

INCULPER, ACCUSER.

On *inculpe*, soit en imputant ce qui est réellement faute, soit en imputant à faute ce qui ne l'est peut-être pas. On *accuse* d'une mauvaise action, d'un vice.

Inculper, c'est proprement impliquer, mêler quelqu'un dans une mauvaise affaire. *Accuser*, c'est dénoncer ouvertement et traduire quelqu'un devant un juge, comme auteur ou coupable d'un délit, pour en poursuivre la punition.

L'inculpation n'est qu'une allégation et un reproche. *L'accusation* est un acte formel, et une action criminelle.

INCURABLE, INGUÉRISSABLE.

Cure désigne proprement le traitement du mal; *guérison* exprime à la lettre le rétablissement de la santé. Ainsi, le mal *incurable* est celui qui résiste à tous les remèdes; et la maladie *inguérissable*, celle qui ne laisse aucun espoir de salut.

Le mal *incurable* n'est pas toujours funeste et mortel; il n'en est pas de même de la maladie *inguérissable*. On vit avec des maux *incurables*; quant à la maladie *inguérissable*, on en meurt.

INCURSION, IRRUPTION.

L'incursion, brusque et passagère, est l'action de courir, de se jeter sur un objet étranger,

pour en rapporter quelque avantage, pour
piller.

L'irruption, violente et soutenue, est l'action de rompre, de forcer les barrières, et de fondre avec impétuosité sur un nouveau champ, pour y porter et y répandre le ravage.

INDEMNISER, DÉDOMMAGER.

Indemniser, c'est *dédommager* quelqu'un d'une perte, en vertu d'une obligation, d'un titre quelconque par lequel on était engagé. On *indemnise* en argent ou en valeurs égales; on *dédommage* par des compensations quelconques.

L'indemnité vous rend la même somme de fortune; elle est dans l'ordre de la justice, de l'équité. Le *dédommagement* tend à vous rendre une somme semblable d'avantages ou de bonheur; il est accordé par la bonté, la bienveillance, la pitié, la charité, quand il n'est pas rigoureusement dû.

INDIFFÉRENCE, INSENSIBILITÉ.

Ces deux termes, appliqués à l'ame, la peignent également comme n'étant point émue par l'impression des objets extérieurs qui semblent destinés à l'émouvoir.

L'indifférence est à l'ame ce que la tranquillité est au corps; et la léthargie est au corps ce que l'*insensibilité* est à l'ame.

L'*indifférence* chasse du cœur les mouvemens impétueux, les désirs fantastiques, les inclinations aveugles. L'*insensibilité* en ferme l'entrée à la tendre amitié, à la noble reconnaissance, à tous les sentimens les plus justes et les plus légitimes.

L'homme *indifférent* cherche à ne rien sentir ; il craint les émotions. L'homme *insensible* ne sent rien, n'est ému de rien.

INDOLENT, NONCHALANT, PARESSEUX, NÉGLIGENT, FAINÉANT.

On est *indolent* par défaut de sensibilité, ou plutôt par indifférence ; *nonchalant*, par défaut d'ardeur ; *paresseux*, par défaut d'action ; *négligent*, par défaut de soin.

L'*indolent* craint la peine, il n'aime que la tranquillité. Le *nonchalant* craint la fatigue, il n'aime qu'un doux loisir. Le *négligent* craint l'application, il n'aime que la dissipation. Le *paresseux* craint l'action, il n'aime rien tant que le repos. Le *fainéant* craint le travail, il n'aime que l'oisiveté.

L'*indolence* semble prendre sa source dans une sorte d'apathie, dans l'indifférence ; la *nonchalance*, dans la froideur du tempérament, dans la langueur des organes ; la *négligence*, dans l'insouciance, dans la légèreté de l'esprit ; la *paresse*, dans une sorte d'inertie, dans une grande mollesse ; la *fainéantise*, dans la lâcheté de l'ame, dans une éducation et une vie oiseuse.

INDUIRE en, INDUIRE à.

Induire en, c'est faire aller *dans*, faire tomber *dans* ; *induire à*, c'est faire aller *à* ou *vers*, ou mettre seulement sur la voie.

Induire en erreur, c'est tromper en faisant adopter une chose fausse. *Induire à erreur*, c'est faire que quelqu'un se trompe, en lui suggérant des idées avec lesquelles il se trompera s'il les suit. Dans le premier cas, on est la cause immédiate de l'erreur ; dans le second, on n'en est que la cause éloignée.

On peut *induire en erreur* étant de bonnefoi ; mais à coup sûr ce n'est pas sans dessein que le méchant vous *induit à erreur*.

On dit *induire à* une chose, au mal, au crime ; mais on ne dit pas *induire en mal*, *en* crime.

INDUSTRIE, SAVOIR-FAIRE.

L'*industrie* est un tour ou une adresse de la conduite ; le *savoir-faire* est un avantage d'art ou de talent.

La ressource de l'*industrie* est plus prompte ; celle du *savoir-faire* est plus sûre.

INEFFABLE, INÉNARRABLE, INDICIBLE, INEXPRIMABLE.

On ne peut proférer le mot, parler de la chose qui est *ineffable* ; on se tait. On ne peut raconter les faits, rapporter dans toutes leurs circonstances les choses qui sont *inénarra-bles*; on les indique à peine. On ne peut dire, mettre dans tout son jour ce qui est *in-dicible*; on le fait entendre. On ne peut ex-primer, peindre au naturel ce qui est *inex-primable*; on ne fait que l'affaiblir.

Les attributs de Dieu, les mystères de la religion, les secrets de la providence, sont *ineffables* : nous ne les comprenons pas, nous ne les pénétrons pas, nous en parlons mal.

Les grandeurs de la divinité, les merveilles de la nature, les prodiges de la création, tous ces objets élevés au-dessus de l'esprit et du langage humain, sont *inénarrables*.

Les sentimens et les sensations, leur dou-ceur et leur charme, le plaisir, la satisfac-tion, la joie, sont *indicibles* : on sent tout cela; mais on ne peut pas dire, définir, ex-pliquer ce que c'est.

Tout ce qui est au-dessus de l'expression, tout ce qui est si fort, si extraordinaire, que la langue ou le discours ne peut le rendre sans l'affaiblir, tout cela est *inexprimable*.

Ineffable et *inénarrable* sont du style reli-gieux. *Indicible* est sur-tout de la conversa-tion. *Inexprimable* est usité dans tous les styles.

Ineffaçable, Indélébile.

Ineffaçable se dit d'une empreinte qui cesse d'être nette et entière. Une chose est *indélé-bile*, lorsqu'il est impossible de l'effacer, de

l'ôter, de l'enlever, de la dissiper entièrement.

Ineffaçable désigne donc proprement l'apparence de la chose empreinte sur une autre :
lorsque cette apparence doit toujours être
sensible, la chose est *ineffaçable*. *Indélébile*
désigne proprement la ténacité d'une chose
adhérente à une autre ; lorsque cette adhé-
rence est indestructible, la chose est *indélébile*. L'écriture sera *ineffaçable*, et l'encre
indélébile.

La honte d'une mauvaise action n'est pas
ineffaçable ; on l'efface en l'ensevelissant dans
un tissu de belles et bonnes actions. La gloire
des grands noms est en elle-même *indélébile* ;
pour la détruire, il faut détruire les noms
mêmes.

INEFFECTIF, INEFFICACE.

Ce qui est *ineffectif* n'est point suivi de
l'effet qu'il avait seulement annoncé ; et ce
qui est *inefficace* ne produit pas l'effet qu'il
devait produire. L'objet d'une chose *ineffec-
tive* ne s'effectue pas ; la cause *inefficace* ne
produit pas son objet.

Un projet, un dessein, est *ineffectif* ; un
secours, un remède, est *inefficace*.

Ineffectif n'est guère usité ; il mériterait
de l'être davantage.

INEXORABLE, INFLEXIBLE, IMPITOYABLE, IMPLACABLE.

Inexorable, qu'on ne gagne point, qu'on ne peut fléchir par les prières.

Inflexible, qui ne fléchit point, qu'on ne peut plier ; il ne s'agit que d'une acception morale de dureté.

Impitoyable, qui est sans pitié, qu'on ne touche point.

Implacable, qu'on ne peut apaiser, qu'on ne ramène point.

Vous avez beau vous humilier devant le personnage *inexorable*, vous ne le gagnez pas ; point de grâce. Vous avez beau chercher un faible au personnage *inflexible*, il ne cède pas ; point de rémission. Vous avez beau présenter au personnage *impitoyable* les objets les plus propres à l'attendrir, vous ne le touchez pas ; sans quartier. Vous avez beau faire des remontrances, et offrir des satisfactions au personnage *implacable*, il ne se rend pas ; point de paix.

INFAMIE, IGNOMINIE, OPPROBRE.

L'*infamie* ôte la réputation, flétrit l'honneur. L'*ignominie* souille le nom, donne un vilain renom. L'*opprobre* assujétit aux reproches, soumet aux outrages.

C'est la loi qui frappe d'*infamie*. C'est l'opinion d'une profonde humiliation attachée aux supplices ou aux peines des crimes bas, qui fait l'*ignominie*. C'est l'abondance de l'*infamie* et de l'*ignominie*, versée, pour ainsi dire, à pleines mains, qui consomme l'*opprobre*.

Il y a de l'*infamie* à périr par la main du bourreau; mais la décolation n'est point censée *ignominieuse*, elle ne fait point rejaillir la honte sur la famille, sur le nom. Les idées de honte et de blâme sont communes à ces termes. L'*infamie* aggrave ces idées par celles de décri, de flétrissure, de déshonneur; l'*ignominie*, par celles d'humiliation, d'avilissement, de turpitude; l'*opprobre*, par celles de rebut, de scandale, d'anathème.

INFATUER, FASCINER, ENTÊTER.

Prévenir, préoccuper à l'excès, tel est le sens figuré de ces mots.

Infatuer, rendre fou, faire perdre le sens, renverser l'esprit ou la tête.

Fasciner, mettre un bandeau sur les yeux.

Entêter, porter à la tête, troubler la tête, offenser le cerveau, l'esprit.

On *infatue* les esprits vains, les têtes qui fermentent et qui s'exaltent. On *fascine* les esprits faibles et superficiels, les gens qu'on subjugue par leur crédulité opiniâtre. On *entête* les gens décidés, ceux qui se persuadent volontiers ce qui leur convient.

Il y a une sorte d'engouement dans celui qui est *infatué*; il y a de l'aveuglement dans celui qui est *fasciné*; il y a de la résolution dans celui qui est *entêté*.

Dans le sens commun à ces termes, nous disons, en conversation, *embabouiner*, *enfariner*, *empaumer*.

On *embabouine* celui qui se laisse puérilement amuser ou bercer comme un enfant, comme un sot.

Enfariner exprime une prévention légère, prise à la légère, inconsidérée, vaine et risible. On dit proverbialement qu'un homme est venu, la *gueule enfarinée*, dire ou faire quelque chose, pour lui attribuer un empressement ridicule et une sotte confiance.

On *empaume* l'esprit de quelqu'un, quand on s'en rend maître de manière à lui faire croire ou lui faire tout ce qu'on veut, comme si on le tenait dans sa main.

INFECTION, PUANTEUR.

L'*infection* répand une *puanteur* contagieuse; et la *puanteur* est l'odeur forte et désagréable exhalée des corps sales, pourris, ou de tout autre corps qui, à cet égard, s'assimile à ceux-là.

La *puanteur* offense le nez et le cerveau. L'*infection* porte la corruption et attaque la santé. Vous direz la *puanteur* d'un morceau de viande gâtée, et l'*infection* des cadavres.

La *puanteur* d'une personne sale nous fait reculer ; de grands marais répandent l'in*fection* et la maladie dans un village, dans un canton.

La peste *infecte* une ville ; ce n'est pas à dire qu'elle l'*empuantisse :* ce n'est pas la mauvaise odeur, c'est un air mal-sain qu'elle répand.

Puer et les mots de sa famille ne se disent qu'au propre, ou dans des façons de parler populaires et familières. *Infecter* est très-communément employé au moral et dans tous les genres de style : on dit *infecter* les esprits, les mœurs, l'enfance, un peuple, de superstitions.

INFÉRER, INDUIRE, CONCLURE.

C'est l'action de tirer des conséquences de quelques propositions qu'on a établies.

L'idée propre d'*inférer* est de passer à quelque autre proposition, en vertu des rapports qu'elle a ou qu'on lui suppose avec les propositions précédentes. Vous pouvez in*férer* d'un principe, d'un raisonnement, quelque chose de très-éloigné qui n'est ni annoncé, ni prévu, et dont ensuite il faudra développer et démontrer les rapports avec la thèse, la vérité posée.

L'idée propre d'*induire* est de conduire à une autre idée ou au but, par les rapports et la vertu des propositions déduites qui y mènent. Vous *induisez* par une suite de propositions , de déductions , de conséquences, qui naturellement et progressivement rapprochent l'esprit de la vérité à laquelle il s'agit de le faire parvenir.

L'idée propre de *conclure* est de terminer son raisonnement ou sa preuve , en vertu des rapports nécessaires ou démontrés des prémisses avec la conséquence. Vous *concluez* par la conséquence que vous tirez de l'argument , comme une vérité prouvée qui met fin au raisonnement, qui *clôt*, pour ainsi dire , le discours.

INFIDÈLE , PERFIDE.

Perfide dit plus qu'*infidèle*. L'*infidélité* est un simple manque de foi, un simple violement des promesses qu'on avait faites. La *perfidie* ajoute à cela le vernis imposteur d'une fidélité constante.

INGRAT à , INGRAT envers.

On est *ingrat aux* choses , et *ingrat envers* les personnes.

Ingrat à désigne l'indifférence, l'insensibilité , la résistance aux soins, aux efforts, au travail ; ou l'inutilité, l'inefficacité , le peu d'effet du travail, des efforts, des forces sur l'objet *ingrat*. Une terre est *ingrate à* la culture; un esprit *ingrat aux* leçons.

Ingrat envers désigne le vice de celui qui manque de gratitude , qui n'est pas reconnaissant,

naissant, qui n'a pas les sentimens dus à son bienfaiteur.

INHUMER, ENTERRER.

Mettre en terre, déposer dans la terre.

Inhumer signifie *enterrer* avec des cérémonies religieuses, rendre les honneurs funèbres, ceux de la sépulture.

On *enterre* tout ce qu'on cache en terre; on *enterre* en tous lieux : on *inhume* seulement dans les lieux consacrés à cet usage pieux.

Inhumer conserve toujours sa signification propre. *Enterrer* a plusieurs significations figurées. Un homme *s'est enterré* tout vivant, *s'enterre* tout vivant, lorsqu'il ne vit pas dans le monde et pour le monde. On *enterre* un secret qu'on ne révèle pas.

INIMITIÉ, RANCUNE.

L'*inimitié* est plus déclarée; elle paraît toujours ouvertement.

La *rancune* est plus cachée; elle dissimule.

L'*inimitié* n'empêche pas toujours d'estimer son ennemi, ni de lui rendre justice; mais elle empêche de le caresser et de lui faire du bien autrement que par certains mouvemens d'honneur et de grandeur d'ame, auxquels on sacrifie quelquefois sa vengeance. La *rancune* fait toujours embrasser avec plaisir l'occasion de se venger; mais elle sait se couvrir de l'extérieur de l'amitié jusqu'au moment qu'elle trouve à se satisfaire.

Il y a quelquefois de la noblesse dans l'*inimitié*; mais la *rancune* a toujours quelque chose de bas.

ININTELLIGIBLE, INCONCEVABLE, INCOMPRÉHENSIBLE.

Ce qui n'est pas à la portée de l'intelligence humaine. *Inintelligible* se dit par rapport à l'expression; *inconcevable*, par rapport à l'imagination; *incompréhensible*, par rapport à la nature de l'esprit humain.

INJURIER, INVECTIVER.

Injurier quelqu'un, lui dire des *injures* ou des paroles offensantes. *Invectiver* contre une personne ou une chose, se répandre contre elle en *invectives* ou discours véhémens.

L'*injure* consiste particulièrement dans les termes, et l'*invective*, dans les choses et la manière.

Le mépris, l'insolence, la grossièreté *injurient*; la chaleur, la colère, le zèle *invectivent*. Les *injures* appartiennent aux gens du peuple, à ceux qui sont faits pour en être. Les *invectives* sont pour les gens ardens qui s'abandonnent à leur vivacité, sans même abandonner la décence.

Dans une dispute littéraire, celui qui *injurie* est un sot; celui qui *invective* est un fou.

Insidieux, captieux.

Ces mots annoncent un artifice employé pour surprendre, tromper, abuser.

Dans l'emploi des moyens *insidieux*, l'intention est d'induire en erreur ou en faute : dans celui des moyens *captieux*, elle est d'emporter le consentement ou le suffrage.

Les moyens *insidieux* sont de douces insinuations, des suggestions adroites, des finesses subtiles. Les moyens *captieux* sont des séductions spécieuses, des illusions éblouissantes, de belles apparences. La malice des premiers est cachée ; la malice des seconds est parée de dehors trompeurs.

Tout ce qui tend à surprendre, discours, actions, caresses, flatteries, présens, s'appelle *insidieux*. On n'appelle *captieux* que les discours, les raisonnemens, les questions, les termes.

Les présens d'une main intéressée sont *insidieux*. L'amour-propre est le plus *captieux* des sophistes.

Insinuer, persuader, suggérer.

Insinuer dit quelque chose de plus délicat ; on *insinue* finement et avec adresse.

Persuader dit quelque chose de plus pathétique ; on *persuade* fortement et avec éloquence.

Suggérer emporte quelquefois dans sa valeur quelque chose de frauduleux : on *suggère* par crédit et avec artifice.

Pour *insinuer*, il faut ménager le temps, l'occasion, l'air et les manières de dire les choses. Pour *persuader*, il faut faire sentir les raisons et l'avantage de ce qu'on propose. Pour *suggérer*, il faut avoir acquis de l'ascendant sur l'esprit des personnes.

Instant, pressant, urgent, imminent.

Les demandes, les prières, les sollicitations, les poursuites *instantes* sont celles qu'on fait avec continuité et persévérance, pour obtenir ce qu'on désire.

Les considérations, les personnes *pressantes* nous poussent, avec une forte impulsion, à faire au plus vîte ce que nous ne ferions pas, ou ce que nous négligerions de faire.

Ce qui est *urgent* nous aiguillonne et nous travaille toujours plus fortement, jusqu'à nous plonger dans la peine, la souffrance, le malheur, si nous n'y avons bientôt pourvu. C'est le propre du besoin, de la nécessité.

Les dangers *imminens* nous avertissent, par leurs menaces, de ramasser nos forces pour nous dérober aussitôt à un mal très-prochain, sous peine d'en être tout à l'heure frappés.

Imminent, éminent.

On dit également, mais non pas indifféremment, danger *éminent* et *imminent*.

Un danger *éminent* est un *grand* danger, un danger plus *grand* que les autres ; *éminent* est un terme de comparaison. Un danger, un péril *imminent*, est un danger, un péril présent, très-pressant, très-prochain. Mais comme *éminent* se prend aussi dans le sens propre, lieu *éminent*, lieu élevé, ceux qui savent la langue disent toujours péril *imminent*, et non *éminent*, pour éviter la confusion.

INSURRECTION, ÉMEUTE, SÉDITION, RÉVOLTE.

L'*insurrection* est un soulèvement violent, plus ou moins général, plus ou moins prolongé, contre l'autorité qui gouverne ; elle peut être légitime contre une autorité usurpatrice, oppressive.

La *révolte* est une résistance aux ordres de l'autorité ; elle est toujours répréhensible, parce qu'elle s'exerce contre une autorité légitime et par des moyens illégitimes.

L'*émeute* est le mouvement passager d'une petite partie du peuple, causé par quelque léger mécontentement ; elle est l'effet d'une mutinerie irréfléchie.

La *sédition* est le mouvement de mécontentement et d'agitation répandu dans les esprits du peuple ; c'est l'effet des menées de quelques esprits turbulens et audacieux.

INTÉRIEUR, DEDANS.

L'*intérieur* est caché par l'extérieur. Le *dedans* est renfermé par le dehors.

Les politiques ne montrent jamais l'*intérieur* de leur ame ; ils retiennent *au-dedans* d'eux-mêmes tous les mouvemens de leurs passions.

INTÉRIEUR, INTERNE, INTRINSÈQUE.

Intérieur signifie ce qui est dans la chose, sous sa surface, et non apparent, par opposition à *extérieur*.

Interne signifie ce qui est profondément caché et enfoncé dans la chose et agit en elle, par opposition à *externe*.

Intrinsèque signifie ce qui fait comme partie de la chose, ce qui lui est propre ou essentiel, ce qui en fait le fond, par opposition à *extrinsèque*.

Intérieur est le mot vulgaire et de tous les styles. *Interne* est un mot de science, de médecine, de physique, de métaphysique, etc. *Intrinsèque* est un mot de métaphysique et de commerce. La valeur *intrinsèque* d'une pièce de monnaie.

INTRIGUE, CABALE, BRIGUE, PARTI.

Une *intrigue* est la réunion des moyens employés par une ou plusieurs personnes pour un objet quelconque.

Une *brigue* est la réunion combinée des démarches de plusieurs personnes en faveur d'une seule.

Une *cabale* est l'association de plusieurs personnes pour ou contre une chose ou une personne.

Un *parti* est la réunion de plusieurs personnes dans un même intérêt ou une même opinion.

Une *intrigue* est toujours sourde, oblique et tortueuse. Une *brigue* parle plus haut et agit toujours avec vivacité. Une *cabale* emploie tantôt les menées couvertes, tantôt le bruit, selon ce que demande l'occasion. Un *parti* se conduit suivant les passions de ceux qui le composent, sans règle, sans prudence, et souvent sans effet.

Irrésolu, indécis.

L'*irrésolu* ne sait à quoi se résoudre; il est aussi lent à prendre un parti, que l'homme résolu est leste à le faire.

L'*indécis* ne sait à quoi se décider; il est aussi lent à avoir un sentiment, que l'homme décidé est leste à s'en former un.

L'*irrésolu* flotte d'un parti à l'autre, sans s'arrêter définitivement à aucun; l'*indécis* balance entre des opinions, sans se fixer par un jugement.

Dans l'*irrésolution*, l'ame n'est affectée d'aucun objet assez fortement pour se porter vers lui de préférence. Dans l'*indécision*, l'esprit ne voit dans aucun objet des motifs assez puissans pour fixer son choix.

Nous plaignons l'*irrésolu*, il nous paraît faible ; nous méprisons l'*indécis* , il nous paraît sot.

IVRE , SOUL.

Ivre , que le vin a privé de l'usage de sa raison : *soul*, qui a bu autant de vin qu'il peut en boire.

Un homme *ivre* peut n'être pas *soul*, il peut n'être pas repu, rassasié de vin : un homme *soul* est presque toujours *ivre*.

Un homme *ivre* chancelle ; un homme *soul* tombe.

Au figuré, *ivre* se dit de ceux qui ont l'esprit troublé par les passions ; *soul* , de ceux qui sont ennuyés , lassés d'une chose.

L'homme peut être *ivre* de bonheur ; mais il n'en est jamais *soul*.

L

LABYRINTHE, DÉDALE.

SELON sa valeur primitive, *labyrinthe* désigne le dessin de l'ouvrage; *dédale* marque l'habileté de l'ouvrier. *Labyrinthe* est devenu le nom propre des constructions, des plantations, des lieux dont les tours et détours sont si multipliés, qu'on s'y égare et qu'on ne sait où trouver une issue; il se dit au propre et au figuré. *Dédale*, nom détourné, et appliqué de l'ouvrier à l'ouvrage, ne se dit guère que figurément des choses infiniment compliquées, qu'il est difficile de concevoir nettement et de tirer au clair.

On dira également le *labyrinthe* et le *dédale* des lois : on dira plutôt le *labyrinthe* que le *dédale* de la chicane.

Dédale est un mot noble; *labyrinthe* est commun à tous les styles.

LÂCHE, POLTRON.

Le *lâche* recule; le *poltron* n'ose avancer. Le premier ne se défend point, il manque de valeur; le second n'attaque point, il pèche par le courage.

LACONIQUE, CONCIS.

L'idée commune à ces deux mots est celle de brièveté.

Laconique se dit des choses et des personnes : *concis* ne se dit guère que des choses, et principalement des ouvrages et du style ; au lieu que *laconique* se dit principalement de la conversation ou de tout ce qui y a rapport. Homme, réponse, lettre *laconique*.

Laconique suppose nécessairement peu de paroles : *concis* ne suppose que les paroles nécessaires. Un ouvrage peut être long et *concis*, lorsqu'il embrasse un grand sujet : une réponse, une lettre ne peuvent être à la fois longues et *laconiques*.

LACS, RETS, FILET.

Espèce de piéges pour surprendre et prendre.

Le propre du *filet* est d'envelopper et de contenir ; celui de *rets*, d'arrêter et de retenir ; celui de *lacs*, de saisir et d'*enlacer*.

Les *lacs* sont formés de cordons enlacés, entremêlés, noués ; ils attirent, ils surprennent, ils attachent. Les *rets* sont formés d'un lacis : ce sont des espèces de *filets* pour la chasse ou pour la pêche ; ils vous arrêtent dans votre chemin, vous embarrassent dans des liens multipliés, vous retiennent malgré les efforts que vous faites pour vous en débarrasser. Le *filet* est un piége caché ou déguisé,

dans lequel on se trouve enveloppé sans pouvoir trouver une issue ; il entoure et *renferme*
comme dans un voile.

Laine, toison.

Une *toison* est la totalité de la *laine* dont
l'animal est revêtu. On coupe , on enlève ,
on vend la *toison ;* mais c'est la *laine* que
l'industrie prépare et travaille de mille manières.

Lamentable , déplorable.

Lamentable , qui mérite , qui excite des
lamentations , des cris plaintifs , longs et
immodérés. *Déplorable* , qui mérite , qui tire
des *pleurs* , des larmes accompagnées de cris.

La *lamentation* , différente du simple gémissement , est l'effusion d'un cœur qui ne
peut ni se contenir , ni s'arrêter ; elle est
grande , sombre , lugubre , opiniâtre ; elle
se rapproche du *hurlement* , et marque en
général une sorte de faiblesse. La *déploration* ,
si l'on pouvait se servir de ce mot , plus vive
et plus pathétique , est d'un homme qui se
désole , qui se désespère. Celui qui *déplore*
son sort , vous touche et vous attache ; celui
qui *lamente* sur le sien vous attriste et vous
afflige.

La situation des personnes est *déplorable ;*
leurs cris mêmes sont *lamentables.*

LAMENTATION, PLAINTE.

Ce sont également des expressions de la sensibilité de l'ame.

La *lamentation* est une *plainte* forte et continuée. La *plainte* s'exprime par le discours ; les gémissemens accompagnent la *lamentation*.

LANCER, DARDER.

Lancer, jeter en avant avec violence comme quand on porte un coup de lance. *Darder*, lancer avec violence un *dard* ou un trait perçant. On *lance* toutes sortes de corps pour atteindre au loin ; on ne *darde* que des instrumens perçans, et on les *darde* pour percer.

Le soleil *lance* et *darde* ses rayons ; il les *lance*, lorsqu'il les répand dans le vide ou dans le vague des cieux ; il les *darde*, lorsqu'il les jette à plomb sur un objet, le frappe et le pénètre.

Au figuré, on *lance* des regards, des eaux, des sarcasmes, des anathêmes, etc. *Darder* ne s'emploie guère qu'au propre.

LANDES, FRICHES.

Lande annonce une étendue que *friche* ne demande pas. Il y a des *friches* dans des cantons, des *landes* dans des provinces.

Les *landes* sont de mauvaises terres qui ne

donnent que quelques misérables productions. Les *friches* sont des terres incultes ou négligées, auxquelles il ne manque que la culture.

LANGAGE , LANGUE , IDIOME , DIALECTE , PATOIS , JARGON.

Ces termes marquent tous la manière d'exprimer les pensées.

Le mot *langage* est le plus général, et il ne comprend dans sa signification que l'idée qui lui est commune avec tous les autres, celle de la manière d'exprimer les pensées, sans aucune autre détermination ; en sorte que l'on donne le nom de *langage* à tout ce qui fait ou paraît faire connaître les pensées ; le *langage* des yeux , des gestes ; le *langage* oral , etc.

Les autres mots indiquent de plus le moyen dont on se sert pour rendre sensible l'expression des pensées : chacun de ces termes suppose que la parole est ce moyen , et par conséquent que le *langage* est oral.

Une *langue* est la totalité des usages propres d'une nation , pour exprimer les pensées par la parole.

Idiome exprime les vues particulières à cette nation, et les tours singuliers qu'elles occasionent nécessairement dans sa manière de parler. De là vient qu'on donne le nom d'*idiotismes* aux tours d'élocution qui sont propres à un *idiome*.

Avec l'usage général des mêmes mots et de la même syntaxe, plusieurs peuples peuvent avoir chacun des usages propres sur la prononciation ou sur la déclinaison des mêmes mots : ces usages subalternes constituent les *dialectes* de la *langue* nationale.

Tout usage qui, dans la prononciation, dans les terminaisons, ou de quelque autre façon que ce puisse être, s'écarte de l'usage légitime, qui est celui de la cour et des gens de lettres, ne fait ni une *langue* ou un *idiome* à part, ni un *dialecte* de la langue nationale ; c'est un *patois* abandonné à la populace des provinces, et chaque province a le sien.

Un *jargon* est un *langage* particulier aux gens de certains états vils, comme les gueux et les filous de toute espèce.

Languissant, Langoureux.

Languissant, qui languit, qui est en langueur ; *langoureux*, qui ne fait que languir, qui outre ou affecte la langueur.

On est naturellement *languissant*, et on fait *artificieusement* le *langoureux*. S'il n'y a pas de l'affectation dans le *langoureux*, il y a du-moins quelque chose d'excessif, d'immodéré, d'habituel, de singulier dans sa manière d'être.

Langoureux sert à exprimer cette espèce de langueur qu'on attribue à quelque passion violente ; tandis que la langueur exprimée par

le mot *languissant* ne désigne que l'abatte-
ment ou la simple diminution des forces.

LARES, PÉNATES.

Les *lares* et les *pénates* sont, dans la my-
thologie, des dieux ou des génies tutélaires
des habitations, des maisons, des villes, des
contrées, de tous les lieux.

Les *lares* protégent l'habitation et la famille en général. Les *pénates* sont les dieux
tutélaires de la maison intérieure ou de la
chose domestique. Les uns président à la sûreté ; les autres président particulièrement
au ménage.

LARMES, PLEURS.

Larme est la dénomination propre de l'humeur limpide que la compression des muscles
fait sortir du sac lacrymal et découler de l'œil.
Pleurs désigne une espèce particulière et une
abondance de larmes, ou des larmes abon-
dantes, accompagnées de cris, de sanglots,
de lamentations, des éclats de la douleur.

Toute cause physique qui produit une compression des muscles de l'œil, fait couler des
larmes. Les *pleurs* sont toujours marqués par
quelque chose de lugubre, par une émotion
violente, des signes éclatans, une inspiration et une expiration précipitées.

Rien n'est plus doux que de douces *larmes;*
tout est amer dans les *pleurs.*

Le repentir sincère n'a que des *larmes ;* le remords déchirant n'a que des *pleurs.*

On dit une *larme ,* et non pas un *pleur ,* parce qu'il y a dans les *pleurs* une sorte d'abondance ou de continuité.

LARRON , FRIPON , FILOU , VOLEUR.

Gens qui prennent ce qui ne leur appartient pas. Le *larron* prend en cachette ; il dérobe. Le *fripon* prend par finesse ; il trompe. Le *filou* prend avec adresse et subtilité ; il escamote. Le *voleur* prend de toutes manières , et même de force et avec violence.

LAS , FATIGUÉ , HARASSÉ.

Ces trois termes dénotent également une sorte d'indisposition qui rend le corps inapte au mouvement et à l'action.

On est *las* quand on est affecté du sentiment désagréable de cette inaptitude. On est *fatigué* quand , par le travail ou le mouvement, on s'est mis dans cet état d'inaptitude. On est *harassé ,* quand on ressent une fatigue excessive.

LASCIVETÉ , LUBRICITÉ , IMPUDICITÉ.

Penchans , passions , vices relatifs aux plaisirs des sens , à la luxure.

Le *lascif* tressaille à la vue de son objet ou à la seule idée du plaisir ; il désire vivement, il jouit voluptueusement.

Le *lubrique* est emporté vers son objet, sans frein dans ses désirs, dans ses plaisirs ; il est sans retenue.

L'*impudique* se livre sans pudeur à un objet ou à ses goûts ; sans respect pour la pureté, il se souille de jouissances criminelles.

La *lasciveté* naît d'un tempérament irritable, voluptueux. La *lubricité* consiste dans l'extrême pétulance, l'incontinence hardie, l'insatiable avidité de ce tempérament. L'*impudicité* résulte des sentimens et des mœurs propres à ce même tempérament et à ces vices, et contraires à la modération de la nature, à la sainteté des règles.

LASSER, FATIGUER.

Être *las*, c'est ne pouvoir plus agir ; être *fatigué*, c'est avoir trop agi. La continuation d'une même chose *lasse* : la peine *fatigue*.

La *lassitude* se fait quelquefois sentir sans qu'on ait rien fait. La *fatigue* est toujours la suite de l'action ; elle suppose un travail rude, ou par la difficulté, ou par la longueur.

LE, LES.

Quand il s'agit de l'universalité des individus et d'un attribut nécessaire, essentiel, le singulier *le*, *la*, est d'usage. Le pluriel *les* est plus propre, au contraire, à distinguer l'universalité morale, une universalité qui n'est pas si entière qu'il ne puisse y avoir des exceptions.

L'homme (pour *le* homme) est raisonnable, c'est-à-dire, la faculté de raisonner appartient nécessairement à toute l'espèce humaine, et en est un attribut essentiel. Mais il faut dire, *les* hommes sont raisonnables, si l'on veut parler du bon usage de la raison, parce que, dans le détail des individus, plusieurs se trouveraient exceptés de l'universalité.

Légal, légitime, licite.

C'est la forme qui rend la chose *légale ;* c'est le droit qui rend la chose *légitime ;* c'est le pouvoir qui rend la chose *licite.*

Une élection est *illégale*, si l'on n'y observe pas toutes les conditions requises par la loi. Une puissance est *illégitime*, si elle exerce la force sans droit ou contre notre droit. Un commerce est *illicite*, quoique bon dans l'ordre naturel, si la loi le défend en vertu d'un droit.

Légère, inconstante, volage, changeante.

Une *légère* ne s'attache pas fortement ; elle se donne à un autre, parce que le premier ne la retient pas.

Une *inconstante* ne s'attache pas pour long-temps ; elle se donne à un autre, parce que son amour est fini.

Une *volage* ne s'attache pas à un seul ; elle veut goûter de plusieurs.

Une *changeante* ne s'attache pas au même ; elle en veut goûter de différens.

LÉGÈREMENT, à la LÉGÈRE.

Légèrement énonce une simple modification de la manière dont les choses sont ou doivent être. *A la légère* désigne un costume différent de celui que les choses ont dans l'état naturel. Des soldats armés, vêtus *légèrement,* ont des armes et des vêtemens qui ne les chargent point. Des soldats armés *à la légère* ont une espèce particulière d'armure qui les distingue.

Au figuré, comme au propre, *légèrement* se dit quelquefois en bonne part ; mais au figuré, nous ne disons *à la légère* qu'en mauvaise part. Vous ne parlez que *légèrement* d'une chose que vous ne touchez qu'en passant ; et ce n'est pas en parler *à la légère.*

Légèrement et *à la légère* dénotent un défaut de réflexion, d'examen, de jugement, ou un défaut d'égards, de ménagement, de bienséance. L'homme qui ne réfléchit pas, agit *légèrement :* l'homme frivole agit *à la légère.* Vous parlez *légèrement*, lorsqu'il vous échappe une parole imprudente. Vous parlez *à la légère*, lorsque vous affectez dans vos discours un ton *léger.*

LÉPREUX, LADRE.

Le *lépreux* et le *ladre* sont attaqués de la même maladie, la lèpre.

Les hommes sont plutôt *lépreux*, et les animaux *ladres*. La lèpre était très-commune chez les Juifs ; la *ladrerie* est assez commune parmi les cochons.

Ladre désigne l'état très-avancé de la maladie, celui où le corps, tout couvert d'ulcères ou d'écailles, est si insensible, qu'on le perce avec une aiguille sans qu'il en souffre aucune douleur. Ce mot désigne aussi l'insensibilité morale.

Au figuré, *ladrerie* désigne une vilaine et sordide avarice.

LEVANT, ORIENT, EST.

Le *levant* est le lieu où le soleil paraît se lever par rapport à un pays. L'*orient* est le lieu du ciel où le jour commence à luire, la lumière à briller. L'*est* est le lieu de l'horizon d'où le vent soufle quand le soleil se lève.

Le *levant* appartient proprement à la sphère, à la géographie ; l'*orient* à la cosmogonie, à l'astronomie ; l'*est*, à la navigation, à la météorologie.

LEVER, ÉLEVER, SOULEVER, HAUSSER, EXHAUSSER.

On *lève* en dressant ou en mettant de bout. On *élève* en plaçant dans un lieu ou dans un ordre éminent. On *soulève* en faisant perdre terre et portant en l'air. On *hausse* en ajoutant un degré supérieur, soit de situation, soit de force, soit d'étendue. On *exhausse* en augmentant la dimension perpendiculaire, en donnant plus de hauteur par une continuation de la même chose.

LEVER, HAUSSER.

L'action de *lever* a proprement pour objet d'ôter, de tirer, d'enlever la chose de la place où elle était. L'action de *hausser* a pour objet propre de donner plus de hauteur, plus d'élévation, un plus haut degré dans la ligne perpendiculaire, à la chose qu'on *hausse*.

Vous étiez assis, vous vous *levez*, et vous ne vous *haussez* pas. Si vous vous mettez sur la pointe du pied, et que vous éleviez le bras tant que vous pouvez, vous vous *haussez*.

LEVER UN PLAN, FAIRE UN PLAN.

Ce sont deux opérations très-distinctes.

On *lève un plan* sur le terrain, en prenant des angles et en mesurant des lignes, dont on écrit les dimensions dans un registre.

Faire un plan, c'est tracer en petit, sur du papier, ou du carton, les angles et les lignes déterminées sur le terrain dont on a *levé le plan*; de manière que la figure tracée sur la carte ou décrite sur le papier, soit tout-à-fait semblable à celle du *terrain*, et possède en petit, quant à ses dimensions, tout ce que l'autre contient en grand.

LIBÉRALITÉ, LARGESSE.

La *libéralité* est la vertu qui donne librement, gratuitement, généreusement. Le don ou la chose donnée est *une libéralité*. La *libéralité* est un don généreux ; la *largesse* est une ample *libéralité*, un don fait d'une main *large*.

Ce qu'on donne *libéralement* n'est pas dû ; ce qu'on donne *largement* n'est pas compté ou mesuré. S'il y a dans les *libéralités* de l'abondance, il y aura dans les *largesses* de la profusion. L'économie peut suffire pour des *libéralités* ; pour des *largesses*, il faut de l'opulence.

LIBERTÉ, FRANCHISE.

La *liberté* est le pouvoir de réduire en acte ses facultés, ou d'exercer sa volonté.

La *franchise* est une exemption de charges ou de conditions onéreuses sur l'exercice de ses facultés et de sa volonté.

La *liberté* peut être gênée, restreinte, traversée, arrêtée : la *franchise* délivre de gênes et d'embarras.

Il y a toutes sortes de *libertés* : liberté physique, morale, civile, politique, religieuse. La *franchise* n'a guère lieu que dans l'ordre politique, l'ordre civil, l'ordre moral.

La *liberté* suppose plutôt un droit ; la *franchise*, un privilége. L'une est commune à la nation ; l'autre est pour certain ordre de l'État et pour de simples particuliers.

Un commerce est *libre* dans tous les ports ; il n'est *franc* que dans les ports privilégiés.

Au moral, la *franchise* est une *liberté* de parler exempte de toute dissimulation. La *franchise* fait dire ce qu'on pense ; la *liberté* fait oser dire ce qu'on dit.

LIBERTIN, VAGABOND, BANDIT.

Le déréglement est le partage de tous les trois.

Le *libertin* pèche proprement contre les bonnes mœurs ; la passion ou l'amour du plaisir le domine.

Le *vagabond* manque par la conduite ; l'amour excessif de la liberté l'écarte des bonnes compagnies.

Le *bandit* pèche par le cœur et la probité ; il ne se conforme pas même aux lois civiles.

LIBRE, INDÉPENDANT.

Un être *libre* est celui qui n'est asservi à aucune contrainte. Un être *indépendant* est celui qui n'est soumis à aucune considération. La *liberté* consiste dans l'affranchissement des actions ; l'*indépendance*, dans l'affranchissement des volontés. Un homme *libre* ne fait que ce qu'il veut : un homme *indépendant* ne veut que ce qui lui plaît, sans avoir de motif qui l'oblige à diriger ses volontés d'un côté plutôt que d'un autre.

L'homme est un être *libre* ; mais il n'est pas *indépendant*.

Un peuple *libre* est celui qui se gouverne par les lois qu'il s'est données, et qu'il peut changer sans qu'aucun individu soit privé de la faculté de concourir à ces changemens. Un peuple, considéré comme peuple, est *indépendant* tant qu'il n'est soumis à aucune loi. L'*indépendance* politique ne peut exister dans l'état de civilisation ; mais la *liberté* politique n'exclut pas les bonnes lois et le bon ordre.

En ne parlant que des individus et des rapports sociaux, un homme *libre* est celui qui n'a pas d'engagement : pour ne pas être *indépendant*, il suffit d'avoir des entours.

L'homme possède la *liberté* morale ; mais l'*indépendance* morale n'existe pour personne.

se LICENCIER, S'ÉMANCIPER.

Se licencier dit manifestement plus que *s'émanciper*. L'un se dit quand on sort des bornes du devoir, du respect, de la modestie. *S'émanciper* marque seulement trop de liberté, au lieu d'une vraie *licence* ; il se dit familièrement dans les choses indifférentes qu'on n'avait pas osé faire, qui ne sont que hardies.

LICITE,

LICITE, PERMIS.

On peut faire l'un et l'autre; ce qui est *licite*, parce qu'aucune loi ne l'a déclaré mauvais; ce qui est *permis*, parce qu'une loi expresse l'a autorisé.

Ce qui cesse d'être *licite* devient illicite; ce qui cesse d'être *permis* devient défendu.

LIER, ATTACHER.

On *lie* pour empêcher que les membres n'agissent, ou que les parties d'une chose ne se séparent. On *attache* pour arrêter une chose, ou pour empêcher qu'elle ne s'éloigne. On *lie* un faisceau de verges avec une corde; on *attache* une planche avec un clou.

Dans le sens figuré, un homme est *lié* lorsqu'il n'a pas la liberté d'agir; il est *attaché*, quand il n'est pas en état de changer de parti ou de le quitter.

LIEU, ENDROIT, PLACE.

Lieu marque un total d'espace. *Endroit* n'indique proprement que la partie d'un espace plus étendu. *Place* insinue une idée d'ordre et d'arrangement. Ainsi, l'on dit le *lieu* de l'habitation; l'*endroit* d'un livre cité; la *place* d'un convive ou de quelqu'un qui a séance dans une assemblée.

LIMER, POLIR.

Limer, enlever avec la *lime* les parties superficielles et saillantes d'un corps dur.

Polir, rendre par le frottement, un corps uni, luisant, agréable à l'œil.

Limer, *polir*, c'est enlever les aspérités, les parties superflues, ce qu'un corps a de rude et de raboteux. *Polir* ajoute à cet effet celui de donner au corps la netteté, la clarté, le lustre qu'exige la perfection. Vous apercevez les coups de *lime* sur l'ouvrage auquel on n'a pas donné le *poli*.

Lime, au figuré, désigne fort bien la critique qui retranche, réforme, corrige, efface ce qu'il y aurait d'inégal, d'inexact, de dur, de rude dans un ouvrage d'esprit. *Poli* désigne bien la dernière façon, la dernière main, la perfection, l'agrément et le brillant qu'il s'agit d'y mettre.

L'exactitude, la correction, la précision, l'égalité, font un style *limé* : le style *poli* a de plus beaucoup d'élégance, une grande pureté, une douce harmonie, quelque chose de brillant et de lumineux.

LIMON, FANGE, BOUE, BOURBE, CROTTE.

Ces termes désignent également une terre imbibée d'eau, mais non de la même manière.

Le *limon* est une terre délayée, entraînée, et enfin déposée par les eaux.

La *fange* est une terre très-délayée, presque liquide, plus étalée que profonde, et assez claire.

Ce qui est *fange* dans les campagnes, est

boue dans les villes, c'est-à-dire, plus épais, plus sale, plus noir. *Boue* renchérit sur *fange*. L'homme bas rampe dans la *fange*. L'homme vil par ses mœurs est une ame de *boue*.

La *boue* est une terre détrempée plus ou moins épaisse, sale, noire et puante, telle que celle qui s'amasse dans les rues des villes après la pluie.

La *bourbe* est une boue profonde, entassée, très-épaisse, telle que celle qui se forme dans les eaux croupissantes, les étangs, les marais; on y enfonce, on n'y saurait marcher, on ne s'en tire pas, on s'y embourbe.

La *crotte* est une terre détrempée, *fange* ou *boue*, une poussière liée par les eaux de la pluie, qui rejaillit quand on y marche pesamment, s'attache aux vêtemens, et les salit, les gâte. C'est dans les rues et autres endroits où l'on marche, qu'il y a de la *crotte:* on s'y *crotte*.

LIQUIDE, FLUIDE.

Liquide, qui a, comme l'eau, la propriété de couler. *Fluide*, dont la nature est de couler, de n'être pas solide.

La *fluidité* est inséparable des *liquides*; mais la *liquidité* n'est pas essentielle aux *fluides*. L'air est un *fluide*, quoiqu'il ne soit pas *liquide*.

La nature des *liquides* est de couler de haut en bas : la *fluidité* s'exerce en tout sens. On dit les *fluides* électriques.

LISIÈRE, BANDE, BARRE.

Ces termes désignent beaucoup de longueur sur peu de largeur et d'épaisseur.

La *lisière* est une longueur sur peu de largeur, prise ou levée sur les extrémités d'une pièce ou d'un tout.

La *bande* est une longueur de peu de largeur et d'épaisseur, qui est prise dans la pièce, ou même n'en a jamais fait partie.

La *barre* est une pièce ou même un tout qui a beaucoup de longueur sur peu de largeur, avec quelque épaisseur, et qui peut faire résistance.

On dit la *lisière* d'une province, d'un drap, d'une toile ; une *bande* de toile, d'étoffe, de papier ; une *barre* de bois ou de fer.

LISTE, CATALOGUE, RÔLE, NOMENCLATURE, DÉNOMBREMENT.

La *liste* est une suite plus ou moins longue de simples et brièves indications, mises ordinairement les unes au-dessous des autres.

Catalogue est un mot grec qui signifie recensement ou état détaillé. Le *catalogue* est fait avec un certain ordre, une certaine distribution, un dessein particulier, et même avec des explications et des éclaircissemens. Il se dit sur-tout en parlant de livres.

Le *rôle* est une sorte de registre qui marque le rang, le tour, l'ordre à observer à l'égard des personnes qui sont engagées dans le même état, assujéties à la même condition, soumises à une règle commune. Il se dit sur-tout en matière d'imposition.

Nomenclature signifie exposition, dénombrement des noms. La *nomenclature* joue sur-tout un grand rôle dans la botanique, qu'on pourrait définir la grande science de la mémoire.

Le *dénombrement* est un compte détaillé des parties d'un certain tout, comme des habitans d'une ville, d'un empire, et c'est là le cas où ce mot est ordinairement employé.

L'histoire romaine dit *cens* pour *dénombrement*, à l'égard des habitans d'une ville, d'un pays et de leurs biens. Nous disons *recensement* pour une nouvelle vérification, en terme de droit, de finance, de commerce.

Littéralement, à la lettre.

Littéralement désigne le sens naturel et propre du discours; il signifie, selon la force naturelle des termes et la signification grammaticale des expressions.

A la lettre désigne le sens strict et rigoureux du discours; cette phrase signifie, dans toute la rigueur morale et au pied de la lettre.

Il ne faut pas prendre *littéralement* ce qui ne se dit que par métaphore ou figurément.

Il ne faut pas prendre *à la lettre* ce qui ne se dit qu'en plaisantant.

LITTÉRATURE, ÉRUDITION, SAVOIR, SCIENCE, DOCTRINE.

La *littérature* désigne simplement les connaissances qu'on acquiert par les études ordinaires du collège; car ce mot n'est pas pris ici dans le sens où il sert à dénommer en général l'occupation de l'étude et les ouvrages qu'elle produit.

L'*érudition* annonce les connaissances les plus recherchées, mais dans l'ordre seulement des belles-lettres.

Le *savoir* dit quelque chose de plus étendu, principalement dans ce qui est de pratique.

La *science* enchérit par la profondeur des connaissances, avec un rapport particulier à ce qui est de spéculation.

Doctrine se dit sur-tout en fait de mœurs et d'idées religieuses; il emporte une idée de choix dans les opinions, et d'attachement à un parti ou à une secte.

LIVRE, FRANC.

Franc et *livre* avaient autrefois la même signification. La *livre* était divisée en vingt sous, et le sou en quatre liards ou douze deniers.

Les nouvelles lois ont décidé que le *franc* se diviserait en cent parties appelées centimes, ou en dix appelées décimes. Le *franc* est donc une unité différente de la *livre* : son poids est invariablement de cinq grammes; et pour que la *livre* ait la valeur du *franc*, il faut y ajouter un liard ou quatre deniers.

Livrer, délivrer.

Livrer, mettre en main, au pouvoir, dans la possession de quelqu'un, n'exprime que la simple tradition d'une main à l'autre, à quelque titre que ce soit.

Délivrer, remettre dans les mains, au pouvoir, à la libre disposition de quelqu'un, exprime l'action de *livrer* dans les formes ou dans les règles, en vertu d'une charge ou d'une obligation dont on s'acquitte à l'égard de la personne qui est en attente ou en souffrance.

Vous gardez ce que vous ne *livrez* pas; vous retiendriez à la personne ce que vous avez à lui *délivrer*. La *livraison* change la possession de la chose : la *délivrance* acquitte l'un et satisfait l'autre.

Délivrer, dans le sens d'affranchir, n'est plus synonyme à *livrer*; il y est, au contraire, opposé.

Logique, dialectique.

La *logique* est une science qui a pour objet la recherche de la vérité.

La *dialectique* est un art qui sert de moyen à la *logique* dans cette recherche.

L'une s'occupe du fond des idées ; l'autre, de la manière de les présenter, des formes du langage.

La *logique* s'applique à distinguer le vrai du faux ; la *dialectique*, à présenter une proposition de manière à ce qu'elle paraisse vraie. Un bon *dialecticien* peut être un mauvais *logicien*.

LOGIS, LOGEMENT.

Logis désigne une retraite suffisante pour établir une demeure. *Logement* annonce de plus une destination personnelle.

On dit un bon ou un mauvais *logis*, un *logis* spacieux, commode, grand ou petit ; mais on ne dit pas mon *logis*, j'ai un beau *logis*, votre *logis*, parce que les adjectifs possessifs et le verbe *avoir* marquent une destination personnelle qu'exclut le mot *logis*.

Il faut, dans ce dernier cas, se servir du mot *logement*.

LOISIR, OISIVETÉ.

Le *loisir* est un temps de liberté ; on peut en disposer pour agir ou ne pas agir.

L'*oisiveté* est un temps d'inaction ; c'est l'abus du *loisir*.

LONGUEMENT, LONG-TEMPS.

Long-temps désigne seulement une certaine mesure, une durée de temps, d'existence, d'action. *Longuement* exprime, à la lettre, une action faite d'une manière plus ou moins longue, lente, paresseuse, languissante.

Tant qu'on intéresse ou qu'on amuse, on ne parle pas *longuement*, quoiqu'on parle *long-temps*.

Avec une abondance d'idées, on parle *long-temps* : avec une abondance de paroles, on parle *longuement*.

Lorsque, quand.

Lorsque a la propriété de marquer la circonstance du temps. *Lors* de son décès; *lorsque* son père fut parti. Toute autre circonstance peut aussi être indiquée par le mot *quand* ; la vertu de ce mot est d'exprimer un rapport indéterminé entre deux choses, sans aucune idée particulière de temps; une liaison, un enchaînement, un concours de choses arrivées dans tel cas, telle occasion, telle circonstance : ce concours suppose la circonstance particulière du temps, et seul même, le mot *quand* peut la désigner dans l'interrogation. *Lorsque* ne peut être employé pour demander *en quel temps :* il faut nécessairement dire, *quand viendrez-vous*.

Quand se prend encore tantôt pour *quoique*, tantôt pour *si*. Je ne ferais pas une injustice, *quand* la loi me l'ordonnerait, quoique la loi me l'ordonnât, ou mieux, dans le cas même où la loi me l'ordonnerait. *Quand* cet homme ne réussirait pas dans son entreprise, que vous en reviendrait-il ? C'est-à-dire, *si* cet homme ne réussit pas, dans le cas où il ne réussira pas. Dans ces exemples, *quand* signifie *en tel cas ;* on ne pourrait pas employer *lorsque,* qui signifie *en tel temps.*

LOUCHE, ÉQUIVOQUE, AMPHIBOLOGIQUE.

Ces trois mots désignent également un défaut de netteté qui vient d'un double sens.

Ce qui rend une phrase *louche* vient de la disposition particulière des mots qui la composent, lorsque les mots semblent au premier aspect avoir un certain rapport, quoique véritablement ils en ayent un autre.

Ce qui rend une phrase *équivoque* vient de l'indétermination essentielle à certains mots, lorsqu'ils sont employés de manière que l'application actuelle n'en est pas fixée avec assez de précision. Tels sont les mots conjonctifs *qui, que, dont ;* les pronoms de la troisième personne, *il, elle, ils, elles, eux, leur ;* l'article *le, la, les ;* et enfin les adjectifs possessifs *son, sa, ses, leur, sien,* etc.

Toute phrase *louche* ou *équivoque* est par là même *amphibologique :* ce dernier terme est plus général, et comprend sous lui les deux premiers. Toute expression susceptible de deux sens différens est *amphibologique ;* et c'est tout ce que ce mot signifie.

Il faut corriger ce qui est *louche,* en rectifiant la construction ; et éclaircir ce qui est *équivoque,* en déterminant d'une manière bien précise l'application des termes généraux.

Lourd, pesant.

Au propre, tout corps est *pesant*, parce que la *pesanteur* est la tendance générale des corps vers le centre; mais on ne peut appeler *lourd* que ceux qui ont une *pesanteur* considérable, relativement ou à leur masse, ou à la force qu'on y suppose. Ce qui n'est pas *lourd* est léger.

Au figuré, et quand il s'agit de l'esprit, *lourd* enchérit sur *pesant*. L'esprit *pesant* conçoit avec peine, avance lentement; l'esprit *lourd* ne conçoit rien, n'avance point.

Loyal, franc.

La *loyauté* renchérit sur la *franchise*. La *loyauté* est une *franchise* de mœurs et de manières, par laquelle l'ame se montre et se déploie avec cette liberté et cette aisance qui annoncent tout à la fois et la pureté et la noblesse des sentimens.

L'homme *franc* est droit et ouvert; l'homme *loyal* est *franc* avec une sorte de générosité, avec cet abandon de l'homme sûr de lui-même, et qui non-seulement ne dissimule rien, mais encore n'a rien à dissimuler de ce qui peut servir à le faire connaître et juger.

L'homme *loyal* ressemble beaucoup au *galant* homme. Le *galant* homme aura de la *franchise* : l'homme *loyal* a la *franchise* d'un cœur ouvert. L'un fait bien ce qu'il doit; l'autre le fait comme si c'était son plaisir. Confiez sans crainte vos intérêts au *galant homme*; rapportez-vous-en à l'homme *loyal*, qui sera plutôt pour vous que pour lui.

LUMIÈRE, LUEUR, CLARTÉ, ÉCLAT, SPLENDEUR.

La *lumière* est ce qui fait le jour, ce qui rend les objets visibles : les autres mots n'expriment que des modifications et des gradations de la lumière.

La *lueur* est une *lumière* faible et légère, un commencement de clarté.

La *clarté* est une *lumière* assez vive, et plus ou moins pure; elle fait voir distinctement et nettement.

L'*éclat* est une *lumière* brillante, une vive *clarté*; il fait voir facilement et parfaitement, mais quelquefois en affectant trop fortement la vue pour qu'elle puisse se soutenir long-temps ou le fixer.

La *splendeur* est la plus grande *lumière* et le plus vif *éclat*; les yeux en sont éblouis.

Dans l'usage figuré de ces termes, on observera les mêmes différences et la même gradation.

LUXE, FASTE, SOMPTUOSITÉ, MAGNIFICENCE.

Ces mots désignent de grandes, grosses ou fortes dépenses : le *luxe*, une dépense excessive, désordonnée; le *faste*, une dépense d'apparat, d'éclat; la *somptuosité*, une dé-

pense extraordinaire., généreuse ; la *magnificence*, une dépense dans le grand et le beau.

Le *luxe* joue la richesse ou l'opulence : dé-
règlement d'esprit et de conduite. Le *faste*
joue la grandeur, la majesté : vanité des
vanités. La *somptuosité* annonce la grandeur et l'opulence : grande puissance déployée
avec une grande énergie. La *magnificence*
annonce l'opulence et la grandeur, relevées
par la manière, et par l'objet : c'est, pour
ainsi dire, la majesté dans toute sa gloire,
si des ombres étrangères ne l'obscurcissent.

Luxe et *faste* se prennent en mauvaise
part. *Somptuosité* a besoin d'idées accessoires qui énoncent positivement l'excès ou
l'abus. *Magnificence* est proprement un
terme d'éloge, exprimant une qualité des personnes ; il annonce même une vertu noble et
sublime.

M

MAFLÉ, JOUFFLU.

Maflé, qui a le visage plein et large.
Joufflu, qui a de grosses joues.

Joufflu n'exprime que l'embonpoint des joues. *Maflé* exprime proprement la grosseur de la partie antérieure du visage, celle des lèvres et des parties voisines; il désigne aussi l'embonpoint du visage entier, et celui même de la taille ou du corps.

MAJESTÉ, DIGNITÉ.

Majesté, grandeur extérieure et qui convient aux premiers rangs; elle n'appartient qu'aux rois et aux princes. *Dignité*, grandeur qui peut se manifester extérieurement, mais qui tient davantage aux qualités intérieures et essentielles, et peut se trouver dans tous les rangs.

Le maintien a de la *dignité*, quand il annonce des qualités propres à imposer; la *majesté* peut tenir seulement à une belle représentation.

On dit la *majesté* du style, et la *dignité* des pensées.

MAINT, PLUSIEURS.

Ces deux mots disent plus que *quelques-uns*, et moins que *beaucoup*.

Maint signifie *plusieurs*; mais *plusieurs* marque purement et simplement la pluralité, le nombre, tandisque *maint* réduit la pluralité à une sorte d'unité, comme si les objets formaient une exception, un tout séparé du reste, un corps à part. *Maint auteur* semble annoncer un nombre d'auteurs qui forment une sorte de classe, et comme s'ils faisaient cause commune : *plusieurs auteurs* n'annonce que le nombre, sans désigner aucun rapport particulier entr'eux, si ce n'est qu'ils ont la même opinion, la même marche, le même titre, quelque chose de semblable.

MAINTENIR, SOUTENIR.

On *maintient* ce qui est déjà tenu, et qu'il faut tenir encore pour qu'il subsiste dans le même état : on *soutient* ce qui a besoin d'être tenu par une force particulière, et qui courrait risque, sans cela, de tomber.

C'est sur-tout la vigilance qui *maintient*; c'est sur-tout la force qui *soutient*. On *soutient* ce qui est faible, chancelant; on *maintient* ce qui est variable, changeant. L'établissement qui reste dans le même état, se *maintient*; celui qui résiste aux choses, se *soutient*.

MAINTIEN, CONTENANCE.

Habitude extérieure de tous le corps, relativement à quelques vues; c'est la différence de ces vues qui distingue ces deux synonymes.

Le *maintien* est le même pour tous les états, et ne varie qu'à raison des circonstances. La *contenance* varie aussi selon les circonstances ; mais chaque état a la sienne.

Le *maintien* est pour marquer des égards aux autres hommes ; il est bon quand il est honnête.

La *contenance* est pour imposer aux autres hommes ; elle est bonne quand elle annonce ce qu'elle doit annoncer dans l'occasion.

Le *maintien* est pour la société ; il est do tous les temps. La *contenance* est pour la représentation ; hors de là, c'est pédantisme. On doit toujours avoir un *maintien* honnête et décent ; il ne faut avoir de la *contenance* que quand on est en exercice.

MAISON DES CHAMPS, MAISON DE CAMPAGNE.

Maison située hors de la ville.

Une *maison des champs* est une habitation avec les accessoires nécessaires à des vues économiques ; comme un verger, un potager, une basse-cour, des écuries, un vivier, etc.

Une *maison de campagne* est une habitation avec les accessoires nécessaires à des vues de liberté, d'indépendance et de plaisir ; comme avenues, remises, jardins, parterre, bosquets, etc.

MAISON, HÔTEL, PALAIS, CHÂTEAU.

Édifices destinés au logement des hommes.

Les bourgeois occupent des *maisons* ; les grands occupent des *hôtels* à la ville ; les rois, les princes y ont des *palais* ; les seigneurs ont des *châteaux* dans leurs terres.

MAISON, LOGIS.

Habitation.

Maison marque plus particulièrement l'édifice ; *logis* est plus relatif à l'usage.

On loge dans une *maison*, et une *maison* a plusieurs corps de *logis*, qui peuvent être occupés par différentes personnes.

MAL-ADRESSE, MAL-HABILETÉ.

Défaut d'aptitude pour réussir.

La *mal-adresse* est proprement le défaut d'aptitude aux exercices du corps ; *mal-habileté* ne se dit que du manque d'aptitude aux fonctions de l'esprit.

Mal-adresse se dit aussi quelquefois, au figuré, en parlant du manque d'intelligence et de capacité pour les opérations qui dépendent des vues de l'esprit ; mais *mal-habileté* ne se dit jamais du défaut d'aptitude aux exercices corporels.

MAL-AVISÉ, IMPRUDENT.

Celui qui ne s'avise pas des choses dont il doit s'aviser est *mal-avisé*. Celui qui ne voit pas aussi avant dans la chose qu'il aurait dû y voir, est *imprudent*. Le *mal-avisé* ne regarde pas assez à la chose qu'il fait ; il la fait mal. L'*imprudent* ne sait pas bien la valeur de ce qu'il fait ; il fait mal. Le premier manque d'attention, de circonspection ; le second manque de sagesse, d'application, de prévoyance.

MAL - CONTENT , MÉCONTENT.

Qui n'est pas satisfait.

On est *mal-content* quand on n'est pas aussi satisfait que l'on avait droit de l'attendre. On est *mécontent*, quand on n'a reçu aucune satisfaction.

Les inférieurs *contentent mal* les supérieurs, et les supérieurs *mécontentent* les inférieurs.

On dit quelquefois les *mécontens*, substantivement : *mal-content* reste toujours adjectif.

MAL-ENTENDU , QUIPROQUO.

Le *mal-entendu* est une erreur qui vient de ce qu'on a mal entendu ou mal compris quelque chose.

Le *quiproquo* est une erreur qui consiste à prendre une chose pour une autre.

Une personne se méprend sur l'heure du rendez-vous qu'on lui a donné ; c'est un *mal-entendu*. Chargée de commissions pour deux autres personnes, elle dit à l'une ce qu'elle devait dire à l'autre : c'est un *quiproquo*.

MAL-FAISANT, NUISIBLE, PERNICIEUX.

Mal-faisant, dont la nature est de faire le mal. *Nuisible*, qui produit un mal, soit par sa nature, soit par les circonstances. *Pernicieux*, qui détruit ou met en danger ce qui est exposé à son influence.

Il y a des caractères *mal-faisans*; des démarches *nuisibles*; des conseils *pernicieux*.

MAL-FAMÉ, DIFFAMÉ.

Le *mal-famé* n'a pas une bonne réputation; le *diffamé* est perdu de réputation.

On n'est *mal-famé* que dans l'opinion et par l'opinion. La *diffamation* peut être le résultat d'un acte juridique, d'une procédure infamante.

On évite un homme *mal-famé*; on rougirait de recevoir un homme *diffamé*.

MALHEUR, ACCIDENT, DÉSASTRE.

Fâcheux évènemens.

Malheur s'applique particulièrement aux évènemens de fortune et de choses étrangères à la personne. L'*accident* regarde proprement ce qui arrive dans la personne même. Le *désastre* est un très-grand *malheur*.

MALHEUREUX, MISÉRABLE.

Ils expriment tous deux l'idée d'une situation fâcheuse et affligeante.

On peut être *malheureux* par quelques accidens imprévus et fâcheux, sans être réduit, pour cela, à un état digne de compassion; mais celui qui est *misérable*, est réellement réduit à cet état; il est excessivement *malheureux*.

On est *malheureux* au jeu; on n'y est pas *misérable*. Mais on peut devenir *misérable*, à force d'y être *malheureux*.

On dit d'un méchant, d'un fourbe, d'un homme sans mœurs, sans pudeur, sans aucune élévation d'ame, que c'est un *malheureux*, ou un *misérable*.

On dit d'un écrivain dont on ne fait point de cas, que c'est un *misérable* auteur, un *misérable* poète, un *misérable* historien; et de ses écrits, que ce sont de *misérables* rapsodies, un poème *misérable*, etc.

MALICE, MALIGNITÉ, MÉCHANCETÉ.

Disposition à nuire, contraire à cette bienveillance universelle également recommandée par la loi naturelle et par la religion.

Il y a dans la *malice* de la facilité et de la ruse, peu d'audace, point d'atrocité.

Il y a dans la *malignité* plus de suite, plus de profondeur, plus de dissimulation, plus d'activité que dans la *malice*.

La *malignité* n'est pas aussi dure et aussi atroce que la *méchanceté*.

Le substantif *malignité* a une toute autre

force que son adjectif *malin*. On permet aux enfans d'être *malins*, c'est-à-dire, espiègles, rusés ; on ne leur passe pas la *malignité*.

Malin, malicieux, mauvais, méchant.

Il y a divers degrés ou plutôt différentes sortes de *malice*, depuis la *malice agréable*, jusqu'à la *malice noire*.

Malicieux est le plus faible de tous ces termes, puisqu'il ne se prend pas même toujours dans un sens odieux.

Le *malin* prend plaisir à faire du mal : sa *malice* est plus malveillante, plus malfaisante et plus profonde que celle de l'homme purement *malicieux* : sa *méchanceté* est couverte, dissimulée, artificieuse, sans la brutalité, sans la violence, sans l'abandon de l'homme proprement *méchant*.

Le *mauvais* ne vaut rien : au lieu de la douceur, de l'indulgence, de l'humanité, de l'équité, qualités qui font l'homme bon, il a les vices contraires, la dureté, la brutalité, la violence du caractère.

Le *méchant* est animé de la haine du bien, de ses semblables, de ce qu'il doit faire : il est *mauvais*, quand il a l'occasion de faire du mal ; mais de plus, il cherche les occasions d'en faire. Avec un caractère dur, avec une humeur atrabilaire, avec des passions aigries, avec l'ignorance et le mépris de tous les principes, avec des habitudes licencieuses, on devient *méchant*.

MALTRAITER, TRAITER MAL.

Manière d'agir qui ne convient point à celui qui en est l'objet.

Maltraiter, c'est faire outrage, soit de paroles, soit de coups. *Traiter mal*, c'est faire faire mauvaise chère à quelqu'un, ou n'en pas user avec lui à son gré.

Maltraité, en un seul mot, vient de *maltraiter* : *mal traité*, en deux mots, vient de *traiter mal*.

MANIAQUE, LUNATIQUE, FURIEUX.

Les chevaux *lunatiques* sont ceux dont la vue se trouble ou s'éclaircit selon les phases de la lune. S'il y a des hommes *lunatiques*, ce sont des gens d'une humeur changeante et fantasque ; la lune n'y fait rien.

Le *maniaque* est une espèce de fou *furieux*, qui, sans fièvre, et dans un délire perpétuel, se jette sur tout ce qui se présente à lui, brise avec une force prodigieuse jusqu'à de grosses chaînes, ne sent pas, même nu et en plein air, le froid le plus cuisant, etc.

Il y a des *furieux* qui n'ont que des accès violens d'une fièvre chaude ; il y en a même qui, hors de la crise, paraissent assez raisonnables pour que la loi leur ait permis de se marier et de tester dans leur bon sens.

Manifeste, notoire, public.

La chose *manifeste* n'est plus cachée ; elle est à portée d'être connue de tout le monde.

La chose *notoire* n'est plus incertaine ; elle est si bien connue, qu'elle est certaine et indubitable.

La chose *publique* n'est pas secrète ; tout le monde la voit, la dit, la croit.

Manifeste, clair, évident.

Rien de caché dans ce qui est *manifeste*. Rien d'obscur dans ce qui est *clair*. Rien d'incertain dans ce qui est *évident*.

Il est bien facile de connaître ce qui est *manifeste* ; de concevoir ce qui est *clair* ; de se convaincre de ce qui est *évident*.

Manigance, machination, manége.

Manigance est un mot bas, et qu'il ne faut pas, pour cela, rejeter. *Machination* est un mot noble, qui s'applique souvent à des choses qui ne peuvent être ennoblies. *Manége* est de mise par-tout.

Le *manége* est une manière adroite d'agir ou de faire, de manier.

La *manigance* est un mauvais *manége*, une manière rusée de faire des choses basses, de vilaines choses, furtivement et sous main.

Machination exprime l'action d'assembler ou de combiner des ressorts ou des moyens cachés, pour venir à bout d'un dessein qu'on n'oserait mettre au jour.

La *manigance* est donc un emploi de petites manœuvres cachées et artificieuses pour parvenir à quelque fin : les sots en sont tous capables. La *machination* est l'action de concerter et de conduire sourdement des artifices odieux qui tendent à une mauvaise fin : il n'y a que les malhonnêtes gens qui en soient capables. Le *manége* est une conduite habile, ou plutôt adroite, avec laquelle on manie, on ménage si bien les esprits et les choses, qu'on les amène insensiblement à ses fins. Il faut des gens fins, souples et stylés pour le *manége*.

MANŒUVRE, MANOUVRIER.

Le *manœuvre* est un ouvrier subalterne qui sert ceux qui font l'ouvrage.

Le *manouvrier* est un ouvrier mercenaire qui gagne sa vie à travailler pour ceux qui ordonnent ou entreprennent l'ouvrage.

Les aides qui servent les maçons et les couvreurs dans les fonctions qui ne demandent point d'art ou d'apprentissage, sont des *manœuvres*. Tous les gens de journée salariés sont des *manouvriers*.

Le *manouvrier* diffère du *journalier*, en ce que celui-ci tire son nom de la journée qu'il fait et qu'il gagne ; tandis que le *manouvrier* tire proprement le sien de son ouvrage et de son industrie.

MANQUE,

Manque, défaut, faute, manquement.

Le *manque* est ce qui s'en *manque*, ou ce qui *manque* d'une quantité déterminée, fixée, ordonnée. Dans un sac qui doit être de mille francs, vous trouverez trente francs à dire, il y a trente francs de *manque*; vous ne direz pas là *défaut* pour *manque*.

Le *défaut* ne suppose point une règle, ou une mesure donnée : il existe toutes les fois que vous n'avez pas une chose, ou que la chose cesse. Le *manque* d'esprit dit qu'on n'a pas la dose d'esprit ordinaire ou convenable. Le *défaut* d'esprit exprime une privation quelconque, et même la nullité.

Faute est synonyme de *manquement*. Par la *faute*, on fait mal : par le *manquement*, on n'observe pas la règle. Dans la *faute*, il y a toujours une omission qui forme le *manquement* proprement dit. Le *manquement* est fait à la règle ; ainsi nous disons *manquement* de foi, de respect, de parole, et non pas une *faute* de parole, de respect, de foi.

Manquement est plus faible que *faute*; c'est une faute légère.

On dit *manque de foi* et *manquement de foi*. Dans le premier cas, on *manque* simplement de foi ; dans le second, on pèche, on est coupable par *manque* de foi.

MANSUÉTUDE, DOUCEUR, BONTÉ.

Le mot *mansuétude*, renfermé dans le style religieux, dit plus que *douceur* et *bonté*.

La *mansuétude* est l'habitude d'être *bon*, une *bonté* constamment exercée, et nécessairement perfectionnée par cette pratique constante : c'est la *bonté* la plus douce, la plus égale, la plus parfaite ; c'est la bénignité, la débonnaireté, la *douceur* d'ame.

MARCHANDISES, DENRÉES.

Les *denrées* sont les productions de la terre, qui, brutes ou préparées, se vendent ou se débitent, jusque dans le plus petit détail, pour les besoins de la vie, et se consomment au premier usage. Les *marchandises* opposées à *denrées* sont les matières premières, travaillées, façonnées, manufacturées, simples ou combinées, et qui ne se consomment que par un usage plus ou moins long.

La *denrée* est proprement ce qui se vend et qui se débite ; la *marchandise*, ce qui se trafique, et qui se revend. Le vigneron qui vend son vin, vend une *denrée* ; le marchand qui l'achète et le revend, vend une *marchandise*. Est marchand qui vend une *marchandise* ; et n'est pas marchand qui vend ses *denrées*.

Mari, époux.

Mari annonce la puissance ; *époux* n'annonce que l'union. Le *mari* répond à la femme ; l'*époux* à l'épouse : c'est un des conjoints.

Le *mari* a les droits, et l'*époux* les devoirs. Qui prend un *mari* prend un maître ; qui prend une *épouse*, prend une compagne.

Marquer, indiquer, désigner.

Le propre de *marquer* est de distinguer et de faire discerner un objet par des caractères particuliers, de manière qu'on ne puisse pas le méconnaître ou le confondre avec un autre. Le cadran *marque* les heures ; le baromètre *marque* les degrés de la pesanteur de l'air.

Le propre d'*indiquer* est de donner des lumières, des renseignemens sur un objet qu'on ignore ou qu'on cherche, de manière à diriger nos regards, nos pas, nos soins, nos pensées, pour le voir, le remarquer, le trouver. Une carte vous *indique* votre route : votre doigt *indique* l'objet éloigné que vous voulez montrer.

Le propre de *désigner* est d'enseigner ou d'annoncer la chose cachée, par le rapport de certaines figures avec elle, de manière que, sans la mettre sous nos yeux, nous la sachions et nous en soyons certains. La fumée *désigne* le feu ; le signalement *désigne*

la personne ; les pavillons différens *désignent*
les nations.

MARRI, FÂCHÉ, REPENTANT.

L'homme *marri* de ses fautes, les pleure,
les déplore ; et dans sa douleur amère et profonde, il demande sa grâce, et mérite de l'obtenir.

L'homme *fâché* de ses fautes, les déteste,
s'en indigne, et tourne contre lui-même son
ressentiment.

L'homme *repentant* de ses fautes s'en tourmente et les abjure ; il reconnaît le devoir
de réparer ses torts et d'expier ses offenses.

La douleur domine dans l'homme *marri* ;
l'humeur dans l'homme *fâché* ; le regret
dans l'homme *repentant*.

Marri n'est presque plus usité.

MASSACRE, CARNAGE, BOUCHERIE, TUERIE.

La barbarie, la férocité, l'atrocité dans
toute leur horreur, ordonnent le *massacre*.

La soif du sang, la fureur effrénée, l'acharnement, poursuivent le *carnage*.

L'humeur sanguinaire, l'ardeur de dévorer
sa proie, l'impitoyable cruauté, font une
boucherie.

Une aveugle impétuosité, un horrible désordre, les chocs tumultueux d'une foule
emportée, causent une *tuerie*.

Dans le sens propre, *tuerie* et *boucherie*

expriment des lieux particuliers. A la *tuerie*,
on ne fait que tuer les animaux ; à la *boucherie*, on en étale et vend la chair.

MATER, MORTIFIER, MACÉRER.

Mater des animaux, des oiseaux, c'est les
dresser, les dompter, les apprivoiser.

Mortifier des corps, et particulièrement
des chairs, c'est en amortir la force, détruire le tissu de leurs parties, les altérer
pour les amollir ou les attendrir, ou les
mener à la putréfaction.

Macérer des mixtes, des plantes, c'est
affaiblir leur vertu, les faire tremper ou
rouir dans une liqueur, les flétrir par quelque
moyen semblable.

En style religieux, on *mate* son corps par
les violences qu'on lui fait pour le dompter,
le réduire en servitude ; on le *mortifie*, en
réprimant ses appétits, en amortissant ses
désirs ; vous le *macérez*, par les exercices
qui le tourmentent et le tiennent dans un état
de souffrance.

MATIÈRE, SUJET.

La *matière* est le genre d'objets dont on
traite ; le *sujet* est l'objet particulier qu'on
traite. Un ouvrage roule sur une *matière*, et
l'on y traite divers *sujets*.

MATINAL, MATINEUX, MATINIER.

Matinal et *matineux* se disent seulement des personnes : *matinal* s'applique à celui qui s'est levé matin, et *matineux* à celui qui est dans l'habitude de se lever matin.

Matinier signifie ce qui appartient au matin : l'étoile *matinière*.

MÉFIANCE, DÉFIANCE.

La *méfiance* est une crainte habituelle d'être trompé.

La *défiance* est un doute que les qualités qui nous seraient utiles ou agréables, soient dans les hommes ou dans les choses, ou en nous-mêmes.

La *méfiance* est l'instinct du caractère timide et pervers. La *défiance* est l'effet de l'expérience et de la réflexion.

On se *méfie* du caractère et des intentions d'un homme ; on se *défie* de son esprit et de ses talens.

se MÉFIER, se DÉFIER.

Ces deux mots marquent en général le défaut de confiance en quelqu'un ou en quelque chose.

Se méfier exprime un sentiment plus faible que *se défier*.

On *se méfie* des choses qu'on croit ; on *se défie* des choses qu'on ne croit pas. On se *méfie* de la lâcheté , de l'improbité d'un homme ; on *se défie* de ses talens , de sa vertu. On *se méfie* soi - même de sa propre faiblesse ; on *se défie* de ses forces.

La *méfiance* suppose qu'on fait peu de cas de celui qui en est l'objet : la *défiance* suppose quelquefois de l'estime. Un général doit quelquefois *se méfier* de l'habileté de ses lieutenans, et *se défier* toujours des mouvemens qu'un ennemi actif et rusé fait en sa présence.

MÉLANCOLIQUE , ATRABILAIRE.

Il y a une *mélancolie* douce , agréable même ; l'*atrabile* est toujours cruelle et terrible. Une simple tristesse vous donne l'air *mélancolique* ; mais l'habitude de l'ame et la férocité des traits donnent cet air *atrabilaire* qui effraye.

Le *mélancolique* est dans un état de langueur et d'anxiété ; sa tristesse est morne et inquiète.

L'*atrabilaire* est dans un état de fermentation et d'angoisse ; sa tristesse est sombre et farouche. L'un évite le monde , il veut être seul ; l'autre repousse les hommes , et il ne peut vivre avec lui-même.

On est d'un tempérament *mélancolique* ; on a l'humeur *atrabilaire*.

MÊLER, MÉLANGER, MIXTIONNER.

Mêler est générique ; *mélanger* et *mixtionner* modifient et restreignent son idée.

Mêler, c'est mettre ensemble, avec, dans, entre, etc.; à dessein ou sans dessein, avec art ou sans art, avec une sorte de confusion quelconque, toute sorte de choses, de quelque manière que ce soit, en brouillant, en joignant, en incorporant, en alliant, etc.

Mélanger, c'est assembler, assortir ou composer, combiner à dessein et avec art, des choses qui doivent naturellement se convenir, pour obtenir par leur agrégation et leur variété, un résultat avantageux et un nouveau tout.

Mixtionner, c'est *mélanger*, fondre des drogues dans des liqueurs, de manière qu'elles restent incorporées, et que la composition produise des effets particuliers.

On *mêle*, on incorpore ensemble des liqueurs ; on *mêle*, on bat les cartes ; on *mêle*, on brouille mal-adroitement des écheveaux. Le peintre *mélange* habilement ses couleurs. L'on *mixtionne* artificieusement des substances étrangères les unes aux autres, que l'on fond ou confond ensemble ; et c'est proprement la drogue qui distingue la *mixtion*.

MÉNAGE, MÉNAGEMENT, ÉPARGNE.

On se sert du mot de *ménage* en fait de dépense ordinaire ; de celui de *ménagement* dans la conduite des affaires, et de celui d'*épargne* à l'égard des revenus.

Mensonge, menterie.

Une *menterie* est une simple fausseté avancée dans l'intention de tromper.

Le *mensonge* est une fausseté méditée, combinée, composée de manière à tromper, à séduire, à abuser.

Mensonge est du style noble, et *menterie* du style très-familier. Le *mensonge* est une grande et profonde *menterie*; il est inspiré par quelque intérêt important. La *menterie* n'a ni les mêmes motifs, ni les mêmes prétentions; elle est simple et familière: c'est un *mensonge* léger, badin, ou du-moins sans conséquence, si l'on se borne à l'usage.

Par des *mensonges* on se rend odieux, et par des *menteries*, méprisable. Le fourbe fait des *mensonges*; le bavard dit des *menteries*.

Menu, délié, mince.

Le *menu* n'a quelquefois rapport qu'à la grosseur dont il manque, et d'autres fois il en a à la grandeur en tout sens.

Le *délié* n'est opposé qu'à la grosseur, supposant toujours une sorte de longueur.

Le *mince* n'attaque que l'épaisseur, pouvant beaucoup avoir des autres dimensions.

On dit, une jambe, une écriture *menue*; un fil *délié*; une planche, une étoffe *mince*.

Merci, miséricorde.

Nous disons demander, crier *merci*, *miséricorde*, c'est-à-dire, grâce et pardon.

On demande *merci* comme on demande pardon, même pour les fautes les plus légères, comme on demande quartier ou grâce de reproches, de railleries.

On demande *miséricorde* comme on implore la clémence dans des cas graves, pour des fautes graves, comme on implore la pitié, des secours dans de grands dangers, dans de vives alarmes.

Le faible demande *merci* ; le criminel demande *miséricorde*. L'on demande *merci* à celui à la discrétion de qui l'on est ; l'on implore la *miséricorde* de celui qui peut punir et pardonner, perdre et sauver.

On est, on se remet, on s'abandonne *à la merci*, *à la miséricorde* de quelqu'un, c'est-à-dire, à sa discrétion. On est *à la merci* des bêtes féroces, des causes aveugles, comme des êtres intelligens : la *miséricorde* n'appartient qu'aux êtres sensibles, bons par leur nature, capables de pitié.

Mériter, être digne.

Mériter, *être digne*, se prennent en bonne et en mauvaise part.

L'on *mérite* par ses actions, ses services ; l'on *est digne* par ses qualités, par sa supériorité. Le *mérite* donne une sorte de droit ;

la *dignité* donne un titre. Ce qu'on *mérite*
est récompense dans quelque sens ; on est
aussi *digne* d'une récompense, et même d'une
faveur.

S'agit-il d'une place qui se donne aux services ? Celui qui a rendu le plus de services
la *mérite*. Ne faut-il pour une place que
de la capacité ? Celui qui a donné le plus
de preuves de capacité en est le plus *digne*.

On dit un *homme de mérite*, et *un digne
homme*. L'honnêteté, la probité, la droiture,
la franchise, font le *digne homme* ; il est
digne d'estime, de confiance, de bienveillance. Des qualités excellentes et remarqua-
bles, le bon emploi de ce qualités, l'emploi
propre à nous assurer l'approbation des hon-
nêtes gens et la considération publique, c'est-
là ce qui fait l'*homme de mérite* : il *mérite*
bien de la société, de la patrie, de l'humanité.

MÉSAISE, MAL - AISE.

Le *mésaise* n'est que la simple privation
d'aise ou de bien-être.

Le *mal-aise* est un mal positif, ennemi de
l'aise ou du bien-être.

MÉSUSER, ABUSER.

C'est mal user.

On *mésuse* de la chose qu'on emploie mal ;
on *abuse* de la chose qu'on emploie à faire
du mal. Dans le premier cas, on pèche

contre la raison, contre la sagesse, contre
ses intérêts, contre le bon ordre; et dans le
second, on pèche contre la justice, contre
la probité.

Une mauvaise tête *mésuse* de vos bien-
faits; un mauvais cœur en *abuse.*

MÉTAL, MÉTAIL.

Le *métal* est une matière tirée du sein de
la terre.

Métail signifie alliage de *métaux*, une
composition, ou simplement un mélange,
dans lequel il entre du *métal.*

L'or est un *métal*; l'argent est un *métal.*
Le similor, le tombac est un *métail.*

MÉTAMORPHOSER, TRANSFORMER.

Opérer un changement de forme.

La *métamorphose* appartient à la mytho-
logie; ce mot dénomme les changemens de
formes opérés par les dieux de la fable. La
transformation appartient également à l'ordre
naturel et à l'ordre surnaturel; ce mot indique tout changement de forme quelconque,
même dans le langage des sciences exactes.

Au figuré, la *métamorphose* est une *transformation* merveilleuse, extraordinaire, éton-
nante, un changement prodigieux, inattendu,
incroyable, de manières, de conduite, de
sentimens, de caractères ou de mœurs; elle
rend l'objet absolument méconnaissable.

La *transformation* sera plus simple et plus facile ; elle s'arrête même ordinairement aux apparences et aux manières.

Un homme essentiellement corrompu et vicieux peut se *transformer* ; il est bien difficile qu'il *se métamorphose*.

MÉTIER, PROFESSION, ART.

Le *métier* est un genre de service que l'on rend dans la société ; il demande un travail de la main.

La *profession* est un genre d'état auquel on se dévoue ; elle demande un travail quelconque.

L'*art* est un genre d'industrie qu'on exerce ; il demande un travail de l'esprit, sans exclure comme sans exiger le travail de la main.

Le *métier* fait l'ouvrier, l'homme de travail : le *métier* de boulanger, de maçon, de charpentier. La profession fait l'homme d'un tel ordre, d'une telle classe : la *profession* de commerçant, d'avocat, de médecin. L'*art* fait l'artisan, l'artiste, l'homme habile : l'*art* de la serrurerie, de l'horlogerie, de la peinture, de la sculpture, de la danse, de la poésie.

METTRE, POSER, PLACER.

Mettre a un sens plus général ; *poser* et *placer* en ont un plus restreint. *Poser*, c'est mettre avec justesse, dans le sens et de la manière dont les choses doivent être mises.

Placer, c'est les *mettre* avec ordre dans le rang et le lieu qui leur conviennent.

MIGNON, MIGNARD, GENTIL, JOLI.

Une élégante régularité dans de petites formes, la délicatesse des traits, les agrémens de la petitesse, constituent le *mignon*.

La délicatesse et la douceur dans des traits animés, l'air et les manières gracieuses, une expression tendre, distinguent le *mignard*.

Un assortiment de traits fins qui sied ou ne messied pas; une vivacité franche, cette facilité naturelle de manières qui a toujours de la grâce, et fait disparaître les défauts, caractérisent le *gentil*.

L'élégance et la finesse des traits du *mignon*, la douceur tendre du *mignard*, ou la vivacité riante du *gentil*, l'air de la grâce ou d'un ensemble formé pour les grâces, brillent dans le *joli*.

On est plutôt *mignon* et *joli* par les traits et les formes; on est plutôt *mignard* et *gentil* par l'air et les manières.

MINUTIE, BABIOLE, BAGATELLE, GENTILLESSE, VÉTILLE, MISÈRE.

Minutie désigne proprement la petitesse, le peu de conséquence d'une chose qu'on néglige, qu'on laisse de côté; la puerilité, le peu d'intérêt d'une chose qui ne peut occuper, qui ne convient qu'à des enfans; *bagatelle,* le peu de valeur, la frivolité d'une chose qu'on ne peut estimer, dont on ne peut faire grand cas ; *gentillesse*, la légèreté, le peu de solidité d'une chose qui n'a que le mérite de l'agrément ; *vétille*, la futilité, le peu de force d'une chose dont on ne doit pas s'embarrasser ; *misère*, la pauvreté, la nullité d'une chose qu'on compte pour rien, qui ne doit pas affecter, qu'on méprise.

MIRER, VISER.

Mirer, regarder, considérer attentivement. *Viser*, tendre, diriger la vue vers un point. Le premier n'exprime que l'action de considérer ; *viser* indique la fin ou terme de l'action. On *mire* un objet, on *vise* à un but. Un canonier *mire* une tour, et *vise* à l'abattre.

Mirer ne se dit guère qu'au propre ; *viser* s'emploie souvent au figuré. On *vise* à la fortune, à une place, etc.

MOBILIER, MOBILIAIRE.

Mobilier, qui est *meuble*, qui fait *meuble* ; le *meuble* est une chose mobile, transportable.

Mobiliaire, qui appartient aux *meubles*, au *mobilier*, ou qui est regardé comme *meuble*, lors même que ce n'est pas un *meuble* proprement dit.

Mobilier marque la qualité de la chose ;

mobiliaire, une relation quelconque avec la chose. Les lits, les tables, les chaises, sont proprement des effets *mobiliers* ; l'argent, les obligations, les récoltes coupées, sont proprement *mobiliaires* : ils ne sont pas *meubles*, mais on les assimile aux *meubles*.

La richesse *mobilière* est en *meubles* ; la richesse *mobiliaire* est en effets de tout genre, ou *meubles*, ou assimilés aux *meubles*, et rangés dans cette classe.

MOMENT, INSTANT.

Un *moment* n'est pas long ; un *instant* est encore plus court.

Moment a une signification plus étendue, et il est d'usage au figuré. *Instant* a une signification plus resserrée ; il marque la plus petite durée du temps, et n'est jamais employé que dans le sens littéral.

MONDE, UNIVERS.

Monde ne renferme dans sa valeur que l'idée d'un être seul quoique général ; c'est ce qui existe. *Univers* renferme l'idée de plusieurs êtres, ou plutôt celle de toutes les parties du monde ; c'est tout ce qui existe.

On dit l'ancien et le nouveau *monde* ; en ce *monde* et en l'autre ; le beau *monde*, le grand *monde*, le *monde* poli, le *monde* physique, le *monde* moral.

Univers se prend toujours à la lettre ; et

dans un sens qui n'excepte rien. Le soleil est le foyer de *l'univers*. *L'univers* est l'assemblage de tous les *mondes*.

le grand MONDE, le beau MONDE.

Le *grand monde* est la première classe de la société : c'est la naissance et le rang qui font la grandeur, et par conséquent le *grand monde*.

Le *beau monde* est l'élite du *monde poli* : une politesse aisée tout-à-la-fois et noble, l'élégance des formes, une certaine fleur d'esprit, la délicatesse du goût, la finesse du tact, l'urbanité dans le langage, un certain charme dans les manières, c'est là ce qui fait le *beau monde*.

MOQUERIE, PLAISANTERIE, RAILLERIE.

La *moquerie* se prend en mauvaise part : c'est une dérision qui vient du mépris qu'on a pour quelqu'un.

La *raillerie* peut être prise en bonne ou en mauvaise part, suivant les circonstances : c'est une dérision qui désapprouve seulement, et qui tient plus de la pénétration de l'esprit que de la sévérité du jugement.

La *plaisanterie* en soi ne peut être prise qu'en bonne part : c'est un badinage fin et délicat sur des objets peu intéressans.

La *moquerie* est outrageante : la *raillerie* peut être innocente, obligeante ou piquante.

La *plaisanterie* est agréable, si elle est ingénieuse ; et fade, si elle manque de sel.

MONT, MONTAGNE, MONTUEUX, MONTAGNEUX.

Les *monts* font les pays *montueux* ; les *montagnes* font les pays *montagneux*.

Mont désigne une masse détachée ou réellement, ou idéalement, de toute autre. Le *mont Atlas*, le *mont Parnasse*, le *mont Taurus*, le *mont Cénis*.

Montagne est une appellation vague qui désigne une masse plus forte, plus grosse, plus large, plus vaste, en général plus grande que le *mont*. Les *montagnes* des Alpes, de la Suisse.

Le *mont* est opposé au val ou vallon ; on court par *monts* et par *vaux* : la *montagne* est proprement opposée à la plaine.

La *montagne* a toujours quelque chose de grand et d'extraordinaire : le *mont* varie et s'abaisse même par degrés, jusqu'à devenir un *monticule*.

MOT, PAROLE.

La *parole* exprime la pensée ; le *mot* représente l'idée qui sert à former la pensée. Il est de l'essence de la *parole* d'avoir un sens et de former une proposition ; mais le *mot* n'a, pour l'ordinaire, qu'une valeur propre à faire partie de ce sens ou de cette proposition. Ainsi, les *paroles* diffèrent entre elles par la différence des sens qu'elles ont ; le mauvais sens fait la mauvaise *parole* : les *mots* diffèrent entre eux, ou par la simple articulation de la voix, ou par les diverses significations qu'on y a attachées ; le mauvais *mot* n'est tel que parce qu'il n'est point en usage dans le monde poli.

MOT, TERME, EXPRESSION.

Le *mot* est de la langue ; l'usage en décide. Le *terme* est du sujet ; la convenance en fait la bonté. *L'expression* est de la pensée ; le tour en fait le mérite.

La pureté du langage dépend des *mots* ; sa précision dépend des *termes* ; et son brillant, des *expressions*.

MOU, INDOLENT.

Un homme *mou* ne soutient pas ses entreprises. Un *indolent* ne veut rien entreprendre. Le premier manque de courage et de fermeté ; le second manque de volonté et d'émulation.

MUR, MURAILLES.

Le *mur* est un ouvrage de maçonnerie ; la *muraille* est une sorte d'édifice. On dit les *murs* d'un jardin, et les *murailles* d'une ville.

Le *mur* arrête, retient, sépare, partage, ferme ; la *muraille* couvre, défend, fortifie, sert de rempart ou de boulevart.

MUTATION, CHANGEMENT, RÉVOLUTION.

Les *mutations* sont l'effet de la lutte des principes opposés ou divers ; les *changemens* multipliés les amènent, et finissent par causer les *révolutions*, ces crises de la maladie du corps social, qui le guérissent ou le dissolvent. Par les *changemens*, vous jugerez de l'insuffisance des vues et des moyens. Par les fréquentes *mutations*, vous jugerez de l'incertitude ou de l'absence des principes ; et par le tout, vous prédirez les *révolutions*.

MUTUEL, RÉCIPROQUE.

Mutuel désigne l'échange, *réciproque*, le retour. Le premier désigne l'action de donner et de recevoir de part et d'autre ; et le second, l'action de rendre selon qu'on reçoit, c'est-à-dire, la réaction.

Les choses qui s'échangent sont *mutuelles*, les choses qui se compensent sont *réciproques*. L'affection est *mutuelle*, dès qu'on s'aime l'un l'autre ; elle est *réciproque*, lorsqu'on se rend sentiment pour sentiment.

Des amis se rendent l'un à l'autre des services *mutuels* : les maîtres et les domestiques s'acquittent les uns envers les autres par des services *réciproques*.

N

Nagot, ragot, trapu.

Le *nabot* est gros, court, et très-petit. Le *ragot* est également petit et court, mais plus vilain, plus difforme, plus ridicule. Le *trapu* est court, rond, ramassé, taillé dans le fort; il a un air vigoureux et robuste.

Naïf, naturel.

Ce qui est *naïf* naît du sujet, et en sort sans effort; c'est l'opposé du réfléchi, et c'est le sentiment seul qui l'inspire aux bons esprits. Ce qui est *naturel* appartient au sujet; mais il n'éclot que par la réflexion : il n'est opposé qu'au recherché, et c'est à la finesse de l'esprit qu'il est donné d'en reconnaître les bornes.

Toute pensée *naïve* est *naturelle* ; mais toute pensée *naturelle* n'est pas *naïve*.

une Naïveté, la naïveté.

Une *naïveté* est une pensée, un trait d'imagination, un sentiment qui nous échappe malgré nous, et qui peut quelquefois nous faire tort à nous-mêmes. C'est l'expression de la légèreté, de la vivacité, de l'ignorance, de l'imprudence, souvent de tout cela à la fois. La *naïveté* consiste dans je ne sais quel air simple et ingénu , mais spirituel et raisonnable , tel qu'est celui d'un villageois de bon sens , ou d'un enfant qui a de l'esprit.

NAÏVETÉ , CANDEUR , INGÉNUITÉ.

La *naïveté* est l'expression la plus simple et la plus naturelle d'une idée dont le fond peut être fin et délicat. La *candeur* est le sentiment intérieur de la pureté de son ame, qui empêche de penser qu'on ait rien à dissimuler. L'*ingénuité* peut être une suite de la sottise , quand elle n'est pas l'effet de l'inexpérience ; mais la *naïveté* n'est souvent que l'ignorance des choses de convention, faciles à apprendre , et bonnes à dédaigner ; et la *candeur* est la première marque d'une belle ame.

NARRER , RACONTER , CONTER.

Narrer porte l'attention sur la manière ; *raconter* la porte sur la vérité et la fidélité ; *conter* , sur le fond et la forme. On *narre* avec étude ou avec art , pour attacher , intéresser. On *raconte* avec exactitude , pour rendre compte , expliquer les faits. On *conte* avec agrément , pour amuser , pour plaire , et récréer la société.

La *narration* doit être claire , élégante, facile, concise. Le *récit* doit être simple , fidèle , circonstancié, exempt de réticences, et de détours. Le *conte* doit être familier , court , piquant et curieux.

Nation, peuple.

La *nation* est une grande famille ; le *peuple* est une grande assemblée.

Nous considérons particulièrement dans la *nation* la puissance , les droits des citoyens, les relations civiles et politiques. Nous considérons dans le *peuple* la sujétion , le besoin de la protection , et des rapports divers de tout genre. La *nation* est le corps des citoyens ; le *peuple* est l'ensemble des regnicoles.

Un roi est le chef d'une *nation*, et le père d'un *peuple*.

L'État étant conquis et soumis à un nouvel ordre de choses , la *nation* proprement dite est détruite , mais le *peuple* reste.

Naturel , tempérament , constitution , complexion.

Le *naturel* est l'assemblage des qualités naturelles ; il annonce les propriétés , les qualités , les dispositions , les goûts qu'on a reçus de la nature ; il fait le fond du caractère.

Le *tempérament* , formé du mélange des humeurs , fait l'humeur dominante.

La *constitution* , embrassant le système entier des parties constitutives du corps , la composition et l'ordonnance des différens élémens qui fondent son existence , son état, sa manière propre et stable d'être , fait la santé, la base ou le premier principe de la santé.

La *complexion*, formée des habitudes dominantes que le corps a contractées, fait la disposition habituelle du corps.

NEF, NAVIRE.

Nef n'est plus que du style poétique ; il désigne proprement quelque chose d'élevé, de construit sur l'eau ; mais on dit, par extension, *nef* d'église. *Navire*, qui exprime particulièrement l'idée d'aller, de nager, de voguer, désigne collectivement tous les grands bâtimens ou les vaisseaux.

NÈGRE, NOIR.

Le *nègre* est proprement l'homme d'un tel pays, de la *Nigritie* ; le *noir* est l'homme d'une telle couleur, de couleur *noire*.

NÉOLOGIE, NÉOLOGISME.

La *néologie* est un genre nouveau de langage, des manières nouvelles de parler, l'invention ou l'application nouvelle des termes. Le *néologisme* est l'abus de la *néologie*, l'affectation de se servir de mots nouveaux, ou de mots ridiculement détournés de leur sens naturel ou de leur emploi ordinaire.

NET, PROPRE.

L'opposé de *sale*.
Net, ce qui est blanc, clair, poli, sans
ordure,

ordure, sans tache, sans défaut, sans mélange étranger. *Propre* exprime ce qui constitue l'essence, ce qui appartient en *propre*,
ce qui est convenable ou disposé pour une
fin ; et par extension, ce qui est *net*, ajusté,
exempt de saleté et de souillure.

La *propreté* ajoute donc à la *netteté* l'idée
d'un arrangement ou d'une disposition convenable à la destination et à l'usage de la
chose.

Neuf, nouveau, récent.

Ce qui n'a point servi est *neuf.* Ce qui
n'avait pas encore paru est *nouveau.* Ce qui
vient d'arriver est *récent.*

Une pensée est *neuve* par le tour qu'on lui
donne ; *nouvelle* par le sens qu'elle exprime ;
récente par le temps de sa production.

Un homme est *neuf*, quand il n'a pas
encore l'expérience et l'usage du monde ; un
homme *nouveau* est celui qui ne commence
que d'entrer dans le monde.

Nippes, hardes.

Les *hardes* sont tous les gros vêtemens qui
couvrent ; les *nippes* sont les *hardes* de parure et de propreté.

Nippes a un singulier ; *hardes* n'en a
point. Les *hardes* se prennent donc en gros ;
les *nippes* peuvent être considérées en détail.

Hardes se dit également de ce qui concerne

les hommes et les femmes ; *nippes* se dit plutôt de ce qui concerne les femmes, comme si la propreté et la parure étaient particulièrement affectées à ce sexe.

NOCHER, PILOTE, NAUTONNIER.

Nocher et *nautonnier* ne se disent plus guère qu'en poésie.

Le *nocher* est proprement le maître, le patron, le chef, le conducteur du bâtiment ; le *pilote* est un conducteur ; le *nautonnier* travaille à la manœuvre du bâtiment.

NOIRCIR, DÉNIGRER.

Dénigrer ne se dit qu'au figuré ; *noircir* se dit au propre et au figuré.

Celui qui vous *dénigre*, veut vous nuire ; il attaque votre réputation, il ravale votre mérite. Celui qui vous *noircit*, veut vous perdre ; il attaque votre honneur, il vous perd de réputation. Le détracteur *dénigre*, le calomniateur *noircit*.

Noircir ne se dit que des personnes ou de leurs actions morales. *Dénigrer* s'applique à tout genre de mérite, à toutes les choses qu'on tâche de rendre méprisables, dont on cherche à rabaisser le prix. On *dénigre* un ouvrage, une marchandise ; on ne les *noircit* pas : on *dénigre* et on *noircit* un auteur, un marchand.

NOISE, QUERELLE, RIXE, DIFFÉREND, ALTERCATION, DÉBAT, DISPUTE.

La *dispute* vient de l'opposition des opinions, et du désir de faire prévaloir la sienne. Le *débat* vient de la force et de l'éclat de la discussion ou plutôt de la contestation, de l'esprit de parti impétueux et obstiné, des altercations vives et multipliées. L'*altercation* se forme de l'alternative de parole qui passe d'une branche à l'autre, de la contestation toute entrecoupée de réponses, de répliques, de ripostes. La confusion et l'embarras des choses, la difficulté de les débrouiller et de les éclaircir, la dissention portée dans les esprits par la diversité de sentimens ou d'intérêts, produisent les *démêlés*. La *différence* de sentimens, de volentés, de prétentions ; l'amour-propre, la mésintelligence qui se refuse à l'accord et provoque le conflit ; l'humeur ou la passion qui veut avoir raison ou satisfaction de la chose, produisent le *différent*.

Ces sortes de divisions sont quelquefois accompagnées de *querelle*, de *noise*, de *rixe*.

La *querelle* est une plainte vive et emportée contre quelqu'un ; la *noise* est une sorte de *querelle* méchante, maligne, faite pour nuire, molester, vexer ; la *rixe* est une *querelle* accompagnée d'injures, de coups, ou du moins de menaces, de gestes ou de signes insultans d'une vive colère.

NOM, RENOM, RENOMMÉE.

Ces mots, employés comme synonymes les uns des autres, désignent divers degrés d'une grande réputation : le *renom* ajoute au *nom*, et la *renommée* au *renom*. Par le *nom*, vous êtes connu, distingué; par le *renom*, on fait du bruit, on a de la vogue; par la *renommée*, vous êtes fameux; tout est rempli de votre *nom*, et il est durable. Le *nom* vous tire de l'obscurité; le *renom* vous donne de l'éclat; la *renommée* vous couronne de toute sa gloire.

Le *nom* est un bruit qui flatte; le *renom*, un bruit qui étourdit; la *renommée*, un bruit qui transporte : tout cela n'est que du bruit.

NOMMER, APPELER.

Appeler n'est synonyme de *nommer* que dans le sens où il signifie dire le nom de la personne, ou lui donner un nom, sans l'intention de la faire venir à soi ou à son secours.

Appeler annonce proprement des signes faits avec la main; l'*appel* est un signal pour faire venir. On *nomme* quelqu'un par son nom; on l'*appelle* de diverses manières, ou de leurs noms, ou par leurs qualifications, ou de différentes qualifications. Vous *nommez* Tibère, et vous l'*appelez* monstre.

NONNE, NONNETTE, NONNAIN.

Noms donnés autrefois aux religieuses, et employés encore dans le style badin.

Nonne est le mot simple ; il signifie une fille religieuse. *Nonnette* est un diminutif de *nonne* ; c'est une jeune religieuse. *Nonnain* est une fille d'un ordre religieux, ou appartenante à un corps de religieuses.

NOTES, REMARQUES, OBSERVATIONS, CONSIDÉRATIONS, RÉFLEXIONS.

Les *notes* disent quelque chose de court et de précis. Les *remarques* annoncent un choix et une distinction. Les *observations* désignent quelque chose de critique et de recherché. Les *réflexions* expriment seulement quelque chose d'ajouté aux pensées de l'auteur.

Les *notes* servent à éclaircir ou expliquer un texte : les *remarques*, à relever ce qui arrête ou mérite particulièrement l'attention : les *observations*, à découvrir des choses nouvelles, à conduire à des résultats plus certains : les *considérations*, à développer avec étendue les différens rapports d'un objet intéressant et la raison des choses, en présentant l'objet distinct sous ses différentes faces : les *réflexions*, à creuser les idées, ou à tirer de nouvelles pensées du fond des choses.

E 5

Notifier, signifier.

Notifier, c'est *signifier* formellement et nettement, d'une manière authentique, dans les formes, de façon que la chose soit non-seulement connue, mais indubitable, constante, notoire. Ce qu'on vous a *signifié*, vous ne pouvez l'ignorer; vous ne pouvez pas éluder ce qu'on vous a *notifié*.

Nourrir, alimenter, sustenter.

Ces termes ne sont synonymes qu'autant qu'ils désignent un soin relatif à la conservation de la vie par les alimens.

Nourrir, c'est fournir à la substance des corps vivans, de manière qu'elle soit conservée par des alimens qui se transforment en cette substance même. *Alimenter*, c'est fournir à leur substance, de manière qu'ils ayent toujours des alimens pour se nourrir. *Sustenter*, c'est pourvoir à leurs besoins rigoureux et pressans, de manière qu'ils ayent ce qui est nécessaire pour vivre.

On *alimente* en entretenant d'alimens; on *nourrit* en entretenant la substance par la conversion de l'aliment en cette substance; on *sustente*, en soutenant seulement la vie, de quelque manière que les alimens opèrent.

Nourrissant, nutritif, nourricier.

Nourrissant, qui nourrit, qui nourrit beaucoup. *Nutritif*, qui a la faculté de nourrir, de se convertir en la substance de l'objet. *Nourricier*, qui opère la nutrition, qui se répand dans le corps pour en augmenter la substance. Le premier de ces termes marque l'effet ; le second, la puissance ; le troisième, l'action.

Nue, nuée, nuage.

Nue marque plus particulièrement les vapeurs les plus élevées. *Nuée* désigne mieux une grande quantité de vapeurs étendues dans l'air et promettant de l'orage. *Nuage* est plus propre à caractériser un amas de vapeurs fort condensées. *Nue* fait penser à l'élévation ; *nuée*, à la quantité et à l'orage ; *nuage*, à l'obscurité.

On dit figurément, élever quelqu'un jusqu'aux *nues*, pour dire, le louer excessivement. Une *nuée* se forme, pour dire qu'une entreprise, un complot, une conspiration se prépare, et n'est pas loin de se manifester par des effets frappans. Avoir un *nuage* devant les yeux, pour désigner quelque chose que ce soit qui empêche de voir distinctement ; et plus figurément encore on appelle *nuages* les doutes, les incertitudes et les ignorances de l'esprit humain.

Nuer, nuancer.

Nuer exprime l'action ou l'art d'assortir et de distribuer sur un fond ou un tissu les couleurs ou leurs teintes , selon les rapports qu'elles ont entre elles , avec le fond , et avec les objets qu'elles figurent , représentent ou imitent.

Nuancer exprime l'action ou l'art d'observer, de distinguer , d'employer les *nuances*, soit celles qui forment ou marquent le passage d'une couleur à une autre , soit celles qui marquent ou forment les différens degrés d'une couleur.

Le dessinateur *nue ;* l'ouvrier *nuance.*

NUL , AUCUN.

Nul a plus de force exclusive et absolue qu'*aucun : nul n'ose,* c'est-à-dire , il n'y a *pas un seul* qui ose : *aucun d'eux n'ose,* c'est-à-dire , simplement , qu'il ne se trouve pas quelqu'un qui ose. Vous n'avez *nulle* considération , quand vous devez n'en avoir pas la moindre ; vous n'en avez *aucune ,* quand vous auriez pu en avoir quelqu'une.

Nul et *aucun,* dans le sens négatif qui les rend ici synonymes , n'ont point de pluriel ; on dit seulement, au singulier , *nul, nulle; aucun , aucune.*

Nul a un pluriel, quand il marque l'invalidité , la nullité d'un acte et autres choses semblables. On dit, en ce sens , qu'un homme est *nul ,* quand il n'a ni vertu , ni caractère.

Numéral, numérique.

Numéral signifie ce qui dénomme un nombre ; *numérique*, ce qui a rapport aux nombres.

Trois est un nom *numéral* ou un nom de nombre. Il y a des rapports *numériques*, c'est-à-dire, tirés des nombres.

O

OBÉISSANCE, SOUMISSION.

L'*OBÉISSANCE* est une action , la *soumission* est un résultat de la volonté. L'une peut être simplement une chose de devoir et de principes : l'autre tient davantage au caractère. L'*obéissance* peut conserver une sorte de fierté , et n'exclut pas les remontrances. La *soumission* , plus humble ,. ne se permet pas même les murmures.

On *obéit* quelquefois par force ; pour se *soumettre* , il faut le vouloir : la *soumission* n'existe pas tant que la volonté résiste.

OBLIGER , CONTRAINDRE , FORCER , VIOLENTER.

L'*obligation* lie, engage. La *contrainte* moleste, contrarie. La *force* emporte, entraîne. La *violence* maltraite , outrage.

Ainsi, *obliger* est un acte de pouvoir qui impose un devoir ou une nécessité. *Contraindre* est un acte de persécution ou d'obsession, qui arrache plutôt qu'il n'obtient un consentement. *Forcer* est un acte de puissance et de vigueur, qui, par son énergie, détruit celle d'une volonté opposée. *Violenter* est un acte d'emportement et de brutalité qui emploie le droit et les ressources du plus fort à dompter une volonté rebelle et opiniâtre.

Obliger, engager.

Obliger dit quelque chose de plus fort ; *engager* dit quelque chose de plus gracieux. On nous *oblige* à faire une chose, en nous imposant le devoir ou la nécessité. On nous y *engage* par des promesses ou par de bonnes manières.

Obliger à faire, obliger de faire.

On dit *obliger*, *contraindre*, *forcer* à ou *de* faire. La préposition *à* est sur-tout d'usage quand le verbe régisseur est à l'actif : vous *obligez*, vous *contraignez*, vous *forcez* à *faire* une chose. C'est la préposition *de* qu'il faut employer, lorsque le verbe régisseur est au passif : vous êtes *obligé*, *contraint*, *forcé de faire* une chose. *A* ne suppose que l'existence de l'obligation ; *de* en suppose l'existence, et en marque l'accomplissement et l'effet. L'ambition force le courtisan *à* ramper ; il faudra qu'il rampe : quand il rampe, elle le force *de* ramper.

Obscène, déshonnête.

Obscène dit beaucoup plus que *déshonnéte* dans le même ordre de choses. La chose *obscène* viole ouvertement les vertus que la chose *déshonnéte* blesse. L'*obscénité* ajoute à la *déshonnéteté* l'immodestie ou plutôt la licence impudente.

E 6

Déshonnête se dit de toute chose qui blesse la pudeur ou la pureté. *Obscène* s'applique communément aux choses apparentes, aux tableaux, aux paroles, aux postures. On a pourtant des idées, des imaginations *obscènes*, lorsque les idées forment des images qu'on se plaît à considérer. On dit, un poète, un auteur, un peintre *obscène*; on ne dira guère une personne *déshonnête*.

OBSCUR, SOMBRE, TÉNÉBREUX.

Obscur, qui n'est pas clair, privé de clarté. *Sombre*, qui n'a qu'une faible lumière, qui est à l'ombre. *Ténébreux*, qui est sans lumière, noir.

Au figuré, un homme est *obscur*, qui n'est pas connu, qu'on ne remarque pas : sa vie est *obscure*, si elle est cachée, inconnue, sans éclat. L'*obscurité* empêche de connaître, de remarquer, de distinguer.

Sombre ne se dit que de l'air du visage, de l'humeur, des personnes, des pensées : un air *sombre* est couvert, triste, renfrogné, repoussant; une humeur *sombre* est inquiète, chagrine, rêveuse, mélancolique, atrabilaire.

Ténébreux se dit proprement des actions, des projets, des entreprises odieuses et secrètes, enveloppées de voiles impénétrables.

OBSÉDER, ASSIÉGER.

Assiéger se dit au propre et au figuré; obséder ne se dit que figurément.

Les personnes et les choses nous *assiégent* comme nous *assiégons* les choses et les personnes. Il n'y a que les personnes ou les êtres intelligens, et des êtres moraux qui *obsèdent*; ils n'*obsèdent* que les personnes.

On *assiége* par l'assiduité, les assauts, les poursuites, pour parvenir à un but quelconque; on *obsède* par l'assiduité, l'artifice, la malignité, pour parvenir à gagner et gouverner la personne. *Obséder* quelqu'un, c'est *l'assiéger* sans cesse.

OBSERVATION, OBSERVANCE.

En matière religieuse, *observance*, qui signifie règle, institut, constitution, se dit pour et comme *observation* : dans tout autre cas, *observation* est seul usité.

L'*observation* fait, exécute; l'*observance* suppose la chose faite, exécutée : c'est l'exécution habituelle et entière, l'*observation* fidèle, constante, absolue de la loi.

OBSERVER, GARDER, ACCOMPLIR.

Faire, suivre, exécuter ce qui est prescrit par un commandement, une règle, une loi.

Observer marque proprement la fidélité à son devoir : vous *observez* la loi par votre attention à exécuter ce qu'elle prescrit.

Garder marque la persévérance et la continuité : vous *gardez* la loi par le soin continuel de veiller à ce qu'elle ne soit violée en aucun point.

Accomplir marque la perfection ou la consommation de l'œuvre : vous *accomplis-sez* la loi par votre exactitude à remplir entièrement et finalement tout ce qu'elle or-donnait.

OBSTACLE, EMPÊCHEMENT.

L'obstacle est devant vous, il vous arrête : *l'empêchement* est çà et là autour de vous, il vous retient.

Il faut vaincre, aplanir, surmonter *l'obsta-cle* ; il faut ôter, lever *l'empêchement* : il gêne, incommode, embarrasse. L'un se trouve sur-tout dans les grandes entreprises et avec de grandes difficultés; l'autre, dans les actions ordinaires et avec des difficultés ordinaires.

OCCASION, OCCURRENCE, CONJONCTURE, CAS, CIRCONSTANCE.

Occasion se dit pour l'arrivée de quelque chose de nouveau, soit que cela se présente ou qu'on le cherche, et dans un sens assez indéterminé pour le temps comme pour l'objet. Une *belle occasion.*

Occurrence se dit uniquement pour ce qui arrive sans qu'on le cherche, et avec un rapport fixé au temps présent. Une *occurrence favorable.*

Conjoncture sert à marquer la situation qui provient d'un concours d'événemens, d'affaires ou d'intérêts. Une *conjoncture avantageuse.*

Cas s'emploie pour indiquer le fond de l'affaire, avec un rapport singulier à l'espèce et à la particularité de la chose. Un *cas pressant*, *grave*, *rare*, etc.

Circonstance ne porte que l'idée d'un accompagnement, ou d'une chose accessoire à une autre qui est la principale. Une *circonstance délicate*.

ODEUR, SENTEUR.

L'*odeur* est l'émanation des corps, sensible à l'odorat : la *senteur* est cette même émanation sentie par l'odorat. L'*odeur* peut absolument n'être pas sentie, il suffit qu'elle s'exale ; il faut que la *senteur* le soit, elle frappe le sens : c'est une *odeur* forte.

On ne dit pas qu'un corps qui ne sent rien n'a point de *senteur ;* il n'a point d'*odeur*.

Un bois a l'*odeur*, et non la *senteur* de la rose.

Au pluriel, les *odeurs* et les *senteurs* sont également des parfums agréables destinés à embaumer, à parfumer, à faire sentir bon.

ODIEUX, HAÏSSABLE.

L'objet *haïssable* est digne de haine ; l'objet *odieux* est digne de toute votre haine.

Avec certains défauts on est *haïssable ;* avec certains vices on est *odieux*.

ODORANT, ODORIFÉRANT.

Odoriférant exprime la propriété de produire l'odeur, de l'exhaler de son sein, de la répandre au loin.

Odorant désigne seulement la chose qui a de l'odeur, qui en donne, qui en jette. Le corps *odoriférant* est donc naturellement très-*odorant*; il parfume, il embaume : les corps *odorans* ont une odeur agréable, sentent bon.

ŒILLADE, COUP-D'ŒIL, REGARD.

L'*œillade* est un *coup-d'œil* ou un *regard* jeté comme furtivement, avec dessein, et avec une expression marquée.

Le *coup-d'œil* est un *regard* furtif ou jeté comme en passant.

Le *regard* est l'action de la vue qui se porte sur l'objet qu'on veut voir.

Les passions dissimulées jettent des *œillades*. La légèreté jette un *coup-d'œil* vain; mais la fierté lance un *coup-d'œil* dédaigneux. Chaque passion a son *regard* : *regard* doux, sévère. Tout se peint dans les *regards*, au moral comme au physique.

Œillade ne se dit qu'au propre et dans le style familier; dans le style soutenu, on dit *coup-d'œil* pour *œillade*. *Coup-d'œil* se dit au figuré, comme *regard*.

ŒUVRE, OUVRAGE.

Œuvre exprime proprement l'action d'une puissance, ce qui est fait, produit par un agent.

Ouvrage exprime particulièrement le travail de l'industrie, ce qui est fait, exécuté par un ouvrier.

La force productive est dans *l'œuvre*; l'effet de son action est dans *l'ouvrage*. Nous admirons dans les *œuvres* de la nature son énergie, et dans ses *ouvrages* leur beauté. Les actions, bonnes ou mauvaises, le bien et le mal, la vertu et le vice, principes de ces actions, en un mot tout ce que la morale considère, est *œuvre*. Le travail, ce qui en résulte, ou en reste, les discours, les écrits, les pièces, les traités, les livres, tout ce qui est l'objet de la science, est *ouvrage*. L'*œuvre* morale n'est qu'une action bonne ou mauvaise, selon les mœurs : *œuvre* de miséricorde, d'iniquité, de charité. L'*ouvrage* littéraire, est une chose bonne ou mauvaise, selon la science.

Les *ouvrages* d'esprit sont les productions d'un auteur; aussi les appelle-t-on quelquefois *œuvres* : *œuvres* de théâtre, *œuvres* morales, *œuvres* complètes, *œuvres* posthumes.

Œuvre, au singulier et au masculin, signifie un recueil entier, quand il s'agit de gravures : l'*œuvre* de Calot.

Œuvre est le titre de certains ouvrages. Les *œuvres* annoncent l'auteur; les *ouvrages* le supposent. L'*œuvre* est l'*ouvrage*, en tant qu'il est fait par l'auteur et considéré comme tel : l'*ouvrage* est bien fait par l'auteur ; mais on le considère tel qu'il est en lui-même ou indépendamment de ce rapport. Ainsi, l'on juge l'*ouvrage* et non l'*œuvre*. L'*ouvrage* est bon ou mauvais en lui-même et sans égard à celui qui l'a fait ; mais à l'*œuvre*, on connaît l'ouvrier, on juge l'homme.

L'action d'employer ou de former est propre à l'ouvrier, à la personne, et c'est là l'*œuvre*. La matière employée, mise en *œuvre*, qui a reçu la forme, est l'*ouvrage*. On se met à l'*œuvre* quand on commence son travail ; on se met à l'*ouvrage*, quand on commence à donner, par son travail, des formes à la matière.

OFFICE, CHARGE.

Ces termes désignent également des titres qui donnent le pouvoir d'exercer quelque fonction publique.

On ne tient la *charge* que pour un temps ; les *offices* sont une qualité permanente.

OFFICE, MINISTÈRE, CHARGE, EMPLOI.

L'*office* impose un devoir ; le *ministère*, un service ; la *charge*, des fonctions ; l'*emploi*, de l'occupation.

L'*office* donne un pouvoir ; une autorité pour faire : le *ministère*, une qualité, un titre pour représenter les personnes, disposer des choses; la *charge*, des prérogatives, des priviléges qui honorent ou distinguent le titulaire; l'*emploi*, des salaires, des émolumens qui payent ou récompensent le travail.

OFFRANDE, OBLATION.

Chose offerte.

L'*offrande* est seulement un don religieux. Les présens que les fidèles font à l'autel, sont proprement des *offrandes*.

Oblation a un sens rigoureux; il ne se dit que pour exprimer le sacrifice ou le don fait avec les cérémonies religieuses prescrites à cet effet.

OFFUSQUER, OBSCURCIR.

Offusquer signifie empêcher de voir ou d'être vu; du-moins de voir ou d'être vu clairement, dans sa clarté naturelle, par l'interposition ou l'opposition d'un corps, d'un obstacle.

Obscurcir exprime l'action simple et vague de faire perdre à un objet sa lumière et son éclat, sans aucun rapport indiqué ni au moyen ni à la vue.

Le soleil est *obscurci* lorsqu'il a perdu son éclat; si vous le considérez dans les nuages, il est *offusqué*. Les nuages l'*obscurcissent* en lui ôtant sa lumière; ils l'*offusquent*, en vous empêchant de le voir, ou en l'empêchant d'être vu.

Les passions *obscurcissent* l'entendement de quelque manière qu'elles le troublent ; elles l'*offusquent*, en élevant autour de lui des nuages, ou en s'interposant entre lui et la vérité.

OISIF, OISEUX.

Termes qui annoncent également l'inaction et l'inutilité.

Avec du loisir, on est *oisif* ; avec l'*oisiveté*, on est *oiseux*.

Oisif n'exprime proprement que l'inaction actuelle : un ouvrier qui n'a point d'ouvrage est *oisif*. *Oiseux* marque l'habitude, la qualité ou l'état permanent, l'inertie : un ouvrier qui ne veut pas travailler est *oiseux*.

OMBRAGEUX, SOUPÇONNEUX, MÉFIANT.

L'*ombrageux* voit tout en noir ; tout l'offusque. Le *soupçonneux* voit tout en mal ; tout le choque. Le *méfiant* est toujours en garde ; il craint tout.

L'*ombrageux* s'arrête aux apparences ; le *soupçonneux*, à la supposition ; le *méfiant*, à la crainte d'être trompé.

ON, L'ON.

On se sert quelquefois de l'un, exclusivement à l'autre, uniquement pour éviter la cacophonie. Si l'*on l'a* laissé ; dites, si *on l'a* laissé. *Ou on* vous verra, *ou on* ne vous verra pas; dites, *ou l'on* vous verra, *ou l'on* ne vous verra-pas.

Il y a une différence à faire entre *on* et *l'on*. *On dit* est une proposition particulière; cela signifie un homme quelconque, quelqu'un dit, des gens disent. L'*on dit* est une proposition générale; l'*on* signifie les hommes, la généralité, la multitude du-moins : c'est une expression collective.

ONDES, FLOTS, VAGUES.

Les *ondes* sont l'effet naturel de la fluidité d'une eau qui coule; elles laissent une idée de calme ou de cours paisible.

Les *flots* viennent d'un mouvement accidentel, mais assez ordinaire; ils indiquent un peu d'agitation, et s'appliquent proprement à la mer.

Les *vagues* proviennent d'un mouvement plus violent, et marquent par conséquent une plus forte agitation.

OPTER, CHOISIR.

On *opte* en se déterminant pour une chose, parce qu'on ne peut les avoir toutes. On *choisit* en comparant les choses, parce qu'on veut avoir la meilleure. L'un ne suppose qu'une simple décision de la volonté, pour savoir à quoi s'en tenir; l'autre suppose un discernement de l'esprit, pour s'en tenir à ce qu'il y a de mieux.

Entre deux choses parfaitement égales, il il y a à *opter*; mais il n'y a pas à *choisir*.

On est quelquefois contraint d'*opter*; on ne l'est jamais de *choisir*.

Lorsque les choses sont à notre *option*, il faut tâcher de faire un bon *choix*.

Si j'avais à *opter* entre un ami fort zélé, mais indiscret, et un ami discret, mais moins zélé, je *choisirais* le dernier.

ORAGE, TEMPÊTE, OURAGAN, BOURASQUE.

L'*orage* produit le tonnerre, la pluie, la grêle, la *tempête*.

La *tempête* est un vent violent, accompagné ordinairement de pluie et de grêle, et qui s'élève quelquefois pendant l'*orage*, quelquefois sans *orage*.

La *bourasque* est un coup de vent passager en mer, comme l'*ouragan* un tourbillon passager sur terre, qui s'élève pendant l'*orage*.

Ouragan ne s'emploie qu'au propre; *bourasque* se dit, au figuré, des saillies brusques et momentanées d'une humeur bizarre.

Orage, au figuré, signifie le choc et l'agitation des sentimens qui se combattent. On dit, les *orages* des passions. *Tempête* exprime un effet plus violent, plus momentané, et moins prévu.

ORDINAIRE, COMMUN, VULGAIRE, TRIVIAL.

Le fréquent usage rend les choses *ordinaires*, *communes*, *vulgaires* et *triviales*.

Trivial dit quelque chose de plus usité que *vulgaire*, qui, à son tour, enchérit sur *commun*, et celui-ci sur *ordinaire*.

Ordinaire est d'un usage plus marqué pour la répétition des actions; *commun*, pour la multitude des objets; *vulgaire*, pour la connaissance des faits; et *trivial*, pour la tournure du discours.

Ces mots, considérés dans un autre sens que celui du fréquent usage, se disent par rapport au petit mérite des choses; et ils ont encore un ordre de gradation, de façon que le dernier de ces mots est celui qui ôte le plus au mérite. Ce qui est *ordinaire* n'a rien de distingué. Ce qui est *commun* n'a rien de recherché. Ce qui est *vulgaire* n'a rien de noble. Ce qui est *trivial* a quelque chose de bas.

ORDONNER, COMMANDER.

Le *commandement* est la notification de l'ordre. Celui qui gouverne, *ordonne*; celui qui fait exécuter, *commande*. On ordonne, en vertu de l'autorité, à celui qui doit obéir; on *commande*, en vertu d'un pouvoir ou d'une charge, à celui qui doit exécuter.

Il faut la puissance, la force pour *ordonner*; il faut une domination, une supériorité pour *commander*. La loi, la justice, *ordonnent*: un général, un officier, *commande* par son grade, une armée, une troupe. Un général *ordonne* un assaut à des troupes; l'officier principal le *commande* ou le conduit.

ORDRE, RÈGLE.

Sage disposition des choses.

Ordre a plus de rapport à l'effet qui résulte de cette disposition : *règle* en a davantage à l'autorité et au modèle qui conduisent la disposition. On observe l'*ordre*; on suit la *règle.*

ORGUEIL, VANITÉ, PRÉSOMPTION.

L'*orgueil* fait que nous nous estimons. La *vanité* fait que nous voulons être estimés. La *présomption* fait que nous nous flattons d'un vain pouvoir.

L'*orgueilleux* est plein et bouffi de lui-même. Le *vain* désire occuper la pensée de tout le monde. Le *présomptueux* s'imagine pouvoir venir à bout de tout.

ORIGINE, SOURCE.

L'*origine* est le premier commencement des choses qui ont une suite : la *source* est le principe ou la cause qui produit une succession de choses. Les choses prennent naissance à leur *origine*; elles tiennent leur existence de leur *source*. L'*origine* nous apprend dans quel temps, en quel lieu, et de quelle manière les objets ont paru au jour; la *source* nous découvre le principe fécond dont les choses découlent, procèdent, émanent, avec plus ou moins de continuité ou d'abondance.

ORNÉ,

ORNER, PARER, DÉCORER.

Orner, c'est ajouter à une chose les accessoires destinés à l'embellir.

Parer, c'est *orner* comme pour un jour de fête ou d'apparat.

Décorer, c'est donner à une chose les ornemens convenables, nécessaires, décens, appropriés à l'usage qu'on en veut faire.

Os, OSSEMENS.

Les *ossemens* sont des *os* desséchés, dépouillés de chair, ne composant plus aucun ensemble, et n'appartenant plus à un corps particulier. Parmi dés *ossemens* on distingue les *os* de la tête d'un cheval, les *os* du bras d'un homme.

OURDIR, TRAMER.

Au figuré on dit *ourdir* et *tramer* un mauvais dessein, une trahison, etc. *Tramer* dit plus qu'*ourdir*; c'est un dessein plus arrêté, une intrigue plus forte, des mesures plus concertées, des apprêts plus avancés pour l'exécution. *Ourdir*, c'est commencer; on *ourdit* même une *trame*.

Nous disons aussi, dans le même sens, *machiner*, qui marque quelque chose de plus artificieux, de plus profond, de plus compliqué, et même de plus bas ou de plus odieux.

Tome II.   F

OUTIL, INSTRUMENT.

L'*outil* est une invention utile, usuelle, simple, maniable, dont les arts mécaniques se servent pour faire des travaux et des ouvrages simples et communs.

L'*instrument* est une invention adroite, ingénieuse, dont les arts plus relevés et les sciences même se servent pour faire des opérations et des ouvrages d'un ordre supérieur ou plus relevé.

Si la chose était plus compliquée, plus savante, plus puissante, ce serait une *machine*. L'*engin* annoncerait sur-tout l'esprit d'invention, une sorte de génie.

On dit les *outils* d'un menuisier, d'un charpentier ; et des *instrumens* de chirurgie et de mathématiques. L'agriculture a des *outils* et des *instrumens :* la pioche est un *outil* ; la grande charue est un *instrument*. Le luthier fait, avec des *outils*, des *instrumens* de musique.

L'*outil* est, en quelque sorte, le supplément de la main ; elle s'en aide : l'*instrument* est un supplément de l'intelligence ou de l'habileté. La nécessité a inventé les *outils* ; la science a imaginé les *instrumens*.

OUTRAGEANT, OUTRAGEUX.

Outrageant exprime l'action d'outrager ; *outrageux* marque l'effet que la chose doit produire par elle-même, celui d'outrager, d'offenser cruellement.

Un procédé *outrageant* fait un outrage ; le discours, le procédé *outrageux* fait outrage.

Outrageant ne se dit que des choses. *Outrageux* s'applique également aux personnes. Un homme *outrageux* a l'habitude et le défaut, le caractère et l'humeur qui portent à *outrager*.

Outré, indigné.

Outré porte sur le tort qu'on nous a fait ; il exprime le sentiment violent d'une injure personnelle.

Indigné porte sur l'action qu'on a commise ; il marque le sentiment d'une ame honnête qui se soulève contre une mauvaise action, que l'effet nous en soit personnel ou étranger.

Ouvrage de l'esprit, ouvrage d'esprit.

L'esprit a part à l'un et à l'autre ; mais ce sont des choses différentes.

Tout ce que les hommes inventent dans les sciences et dans les arts est un *ouvrage de l'esprit*, un ouvrage de la raison et de cette intelligence qui distingue l'homme de la bête.

Les compositions ingénieuses des gens de lettres, soit en prose, soit en vers, sont des *ouvrages d'esprit*, des ouvrages de la raison polie, et de cette fine intelligence qui distingue un homme d'un autre homme.

P

PACAGE, PÂTURAGE, PÂTIS, PÂTURE.

Le *pacage* est un lieu propre pour nourrir et engraisser du bétail.

Le *pâturage* est un champ où le bétail *pâture* et se repaît.

Le *pâtis* est une terre où l'on met paître le bétail.

La *pâture* est un terrain inculte où le bétail trouve quelque chose à paître.

On dit de *bons pacages*, de *gras pâturages*, un *simple pâtis*, une *vaine pâture*.

Pâturage est d'un usage général : c'est un lieu couvert d'herbes, où les troupeaux paissent habituellement. *Pâture* est un mot générique, employé au propre et au figuré. *Pacage* est un terme de coutume ; il désigne proprement le droit de faire paître.

PACIFIQUE, PAISIBLE.

Pacifique, opposé à la guerre ; *paisible*, où se trouve la paix. Un caractère *paisible* est celui dont la disposition est telle qu'il ne s'y trouve rien qui trouble sa paix ou celle des autres : un caractère *pacifique* peut être agité et mis en mouvement par l'amour de la paix.

Un homme *pacifique* ne demeurera pas

paisible spectateur d'une querelle ; un homme *paisible* pourra passer sans s'en inquiéter. L'homme *pacifique* ne craint que la guerre et les querelles ; l'homme *paisible* est naturellement éloigné de toute espèce d'agitation.

Paisible indique le repos ; *pacifique*, l'amour du repos, de la paix.

PÂLE, BLÊME, LIVIDE, HÂVE, BLAFARD.

Le teint d'une personne est *pâle* dès qu'il n'est pas assez animé. Si les chairs ont perdu leur couleur propre et leur vie, il est *blême*. Il est *livide* lorsqu'un mélange de blanc et de noir lui donne une couleur sombre et rembrunie. Quand la couleur est morte ou effacée par un blanc mort ou inanimé, il est *blafard*. Une mine morne et défigurée par le décharnement est *hâve*.

Pâle s'applique aux personnes, aux couleurs, à toute sorte de lumières, aux corps lumineux. *Blême* ne convient qu'aux personnes ou aux êtres personnifiés ; il n'y a que le visage, le teint ou sa couleur qui soit *blême*. *Livide* se dit du teint, des chairs, de la peau. *Hâve* s'applique à l'air, au visage, à son ensemble. *Blafard* se dit en général de toute couleur, de toute lumière qui n'a point d'éclat ou de vivacité, de tous les objets qui tirent sur le blanc ou qui blanchissent en se décolorant.

PANÉGYRIQUE, ÉLOGE.

Le *panégyrique* est un *éloge* mêlé d'enthousiasme et d'exaltation. L'*éloge* peut être accompagné de blâme : le *panégyrique* exclut et repousse le blâme ; il n'est illimité que sur la louange. L'*éloge* peut être partiel ; le *panégyrique* est général, absolu : l'un peut être simple, naturel, amené par hasard ; l'autre ne se fait guère sans apprêt.

PARABOLE, ALLÉGORIE.

Espèce de voile plus ou moins transparent dont on se sert pour couvrir le sens principal, en ne le présentant que sous l'apparence d'un autre.

Dans la *parabole*, le déguisement se fait, par la substitution d'un autre sujet, peint avec des couleurs convenables à celui qu'on a en vue.

Dans l'*allégorie*, il s'exécute en introduisant des personnages étrangers et arbitraires au lieu des véritables.

La *parabole* a pour objet les maximes de morale ; l'*allégorie*, les faits d'histoire.

PARADE, OSTENTATION.

Parade sert plutôt à désigner l'action et sa fin, ou son but ; et *ostentation*, la manière de faire l'action, et son principe, ou sa cause. On fait une chose, non avec *pa-*

rade, mais avec *ostentation*. On fait *parade*
d'une chose, plutôt qu'on n'en fait *ostenta-*
tion.

Parade ne désigne que l'appareil extérieur;
l'*ostentation* seule est le vice : l'*ostentation*
fait *parade* des choses.

On a des habits de *parade* pour la cérémonie. Celui qui est réduit à se faire valoir
par ses habits, les étale avec *ostentation*.

PARALOGISME, SOPHISME.

Le *paralogisme* n'est qu'un raisonnement
faux, un argument vicieux, une conclusion
mal tirée ou contraire aux règles.

Le *sophisme* est un trait d'artifice, un raisonnement insidieux, un argument captieux.

Le *paralogisme* et le *sophisme* induisent
en erreur : le *paralogisme*, par défaut de
lumière et d'application ; le *sophisme*, par
malice ou par une subtilité méchante.

Paralogisme est un terme dogmatique,
très-peu usité. *Sophisme* est un terme plus
familier.

PARASITE, ÉCORNIFLEUR.

Gens qu'on appelle trivialement *piqueurs*
d'assiettes, *chercheurs de franches lippées*,
écumeurs de marmites, parce qu'ils font
métier d'aller manger à la table d'autrui.

L'assiduité à une table et l'art de s'y maintenir distinguent le *parasite*. L'avidité de

manger et l'art de surprendre des repas distinguent l'*écornifleur*.

Le *parasite* paye en empressemens, en complaisances, en bassesses, sa commensalité. L'*écornifleur* mange ; le repas est payé. Il y a des *parasites* qu'on est bien aise de conserver ; il n'y a pas un *écornifleur* dont on ne tâche de se défaire.

PARESSE, FAINÉANTISE.

La *paresse* est un moindre vice que la *fainéantise* : la première s'applique à l'action de l'esprit, comme à celle du corps ; la seconde ne convient qu'à cette dernière sorte d'action.

Le *paresseux* craint la peine et la fatigue ; il est lent dans ses opérations, et fait traîner l'ouvrage. Le *fainéant* aime à être désœuvré ; il hait l'occupation et fuit le travail.

PARFAIT, FINI.

Le *parfait* regarde proprement la beauté qui naît du dessein et de la construction de l'ouvrage ; et le *fini*, celle qui vient du travail et de la main de l'ouvrier. Ce qu'on peut mieux faire n'est pas *parfait*. Ce qu'on peut encore travailler n'est pas *fini*.

PARTAGER, RÉPARTIR, DISTRIBUER.

Partager une chose, c'est la diviser en différentes parts, qu'on *répartit* ensuite en les assignant à différentes personnes ou à différens objets, et qu'on *distribue* en les appliquant à leurs différentes destinations.

On *partage* ce qui est un ; on *répartit* ce qui est déjà *partagé* ; on *distribue* tout ce qui est divisé ou susceptible de division.

Partager renferme une intention ; *répartir*, une disposition ; *distribuer* n'est qu'une action.

Le *partage* suppose seulement l'intention de faire participer un certain nombre de personnes ou d'objets à une même chose. La *répartition* suppose des considérations tirées des droits des personnes ou de l'avantage de la chose. Une *distribution* n'a souvent d'autre règle que le hasard.

PARTICIPER, PRENDRE PART.

Participer au malheur de quelqu'un, c'est le partager réellement ; y *prendre part*, c'est s'unir par sentiment à la douleur qu'il en reçoit. On *participe* à une chose dans laquelle on a une part réelle et personnelle ; on *prend part* d'affection à la chose dans laquelle on n'a aucun intérêt.

PARTIE, PART, PORTION.

La *partie* est ce qu'on détache du tout. La *part* est ce qui en doit revenir. La *portion* est ce qu'on en reçoit. Le premier de ces mots a rapport à l'assemblage ; le second, au droit de propriété ; et le troisième, à la quantité.

PAS, POINT.

Pas énonce simplement la négation ; *point* appuie avec force, et semble l'affirmer. Le premier souvent ne nie la chose qu'en partie ou avec modification : le second la nie toujours absolument, totalement et sans réserve.

On n'a *pas* d'esprit quand on n'en est *pas* pourvu ; on n'a *point* d'esprit quand on en est dénué.

Vous ne croyez *pas* une chose qu'on ne peut vous persuader. Vous ne croyez *point* celle que votre esprit rejette absolument.

PASSER, SE PASSER.

Ces deux termes désignent également une existence passagère et bornée.

Passer se rapporte à la totalité de l'existence ; *se passer* a trait aux différentes époques de l'existence.

La qualité et le sort des choses qui *passent*, c'est de n'avoir qu'une existence bornée et de finir. L'état actuel et la révolution des choses qui *se passent*, c'est d'être sur leur déclin ou dans une crise de décadence qui annonce leur fin.

Les fleurs et les fruits *passent* ; ils n'ont qu'une saison. Les fleurs et les fruits *se passent* lorsqu'ils se fanent ou se flétrissent.

La vie *passe*, et elle *se passe* à perdre la plus grande partie du temps.

La beauté *passe*; elle n'est pas durable. Quand la beauté des femmes *se passe*, elles accusent les hommes d'inconstance, de légèreté, d'injustice.

PATELIN, PATELINEUR, PAPELARD.

Le *patelin* est un homme souple et artificieux, qui, par des manières flatteuses et insinuantes, *fait venir les autres à ses fins*.

Le *patelineur* est celui qui, par des manières souples et artificieuses, *tâche de faire venir les autres à ses fins*.

Le *papelard* est ordinairement un hypocrite, un faux dévot; mais c'est aussi tout homme caressant et rusé qui flatte et amadoue avec de belles paroles, pour séduire. Celui-ci a dessein de tromper; les autres ont dessein de gagner les gens.

On est *patelin* par caractère, et par caractère souple et artificieux. On est *patelineur* par le fait et par les manières propres du *patelin*. On est *papelard* par hypocrisie et par un manége caché.

PÂTRE, PASTEUR, BERGER.

Pâtre se prend dans un sens générique et collectif, pour désigner tout gardien de toute espèce de troupeaux, comme le bouvier, le porcher, le *berger*; et il se dit particulièrement de ceux qui gardent le gros bétail, les bœufs, les vaches, etc.

Pasteur se prend quelquefois dans un sens générique; mais il se dit proprement de celui qui garde le menu bétail.

Le *berger* n'est qu'un gardien de moutons ou de brebis.

Nous attribuons au *pâtre* des mœurs grossières; au *berger*, des mœurs simples et douces; au *pasteur*, des qualités morales, sur-tout pour l'administration. Le mot *pasteur* n'est guère employé qu'au figuré, pour désigner les chefs spirituels ou temporels.

PAUVRETÉ, INDIGENCE, DISETTE, BESOIN, NÉCESSITÉ.

La *pauvreté* est une situation de fortune opposée à celle des richesses, dans laquelle on est privé des commodités de la vie.

L'*indigence* enchérit sur la *pauvreté*; on y manque des choses nécessaires.

La *disette* est un manque de vivres, dont l'opposé est l'abondance; elle semble venir d'un accident ou d'un défaut de provisions.

Le *besoin* et la *nécessité* ont moins de rapport à l'état et à la situation habituelle que les trois mots précédens; mais ils en ont davantage au secours qu'on attend, ou au remède qu'on cherche. Le *besoin* semble moins pressant que la *nécessité*.

PAUVRE, INDIGENT, NÉCESSITEUX, MENDIANT, GUEUX.

Il faut distinguer le *pauvre*, l'*indigent*, le *nécessiteux*, le *gueux*, qui ne sont que dans le besoin, d'avec ceux qui sont *mendians*, qui se font un état de la mendicité.

Le *pauvre* a peu; il est mal partagé, il manque de fortune.

L'*indigent* n'a point de bien, il éprouve le besoin, il pâtit.

Le *nécessiteux* est dans les liens et les douleurs de la nécessité, d'un besoin urgent.

Le *mendiant* tend la main en demandant pour recevoir la charité.

Gueux signifie dépouillé, denué de biens; les guenilles sont l'équipage du *gueux*. *Gueux* est un mot injurieux; il indique, au physique et au moral, un désordre, un déréglement. On appelle *gueux* un misérable, un fripon, un homme vil.

PAYE, SOLDE, SALAIRE.

Le *salaire* est le prix ou la rétribution due à un travail, à un service.

La *paye* est le *salaire* continu d'un travail ou d'un service continu ou rendu chaque jour.

La *solde* est le prix ou la *paye* d'un service rendu par une personne soudoyée, c'est-à-dire engagée et obligée à le rendre moyennant ce *salaire*; et, dans une autre acception, le payement ou l'acquit final d'un compte.

Salaire concerne proprement l'ouvrier; il désigne d'une manière spéciale un droit et un besoin rigoureux dans celui qui gagne. *Paye* désigne particulièrement l'action de payer, de distribuer, de délivrer actuellement aux ouvriers, aux soldats, la *solde* ou les *salaires* qu'on leur doit. *Solde* désigne surtout l'engagement par lequel on s'est mis au service et sous la puissance d'autrui pour tel genre de service, avec la condition de la *solde* : on tient à sa *solde* des agens, des espions, etc.; on les *soudoie.*

PAYER, ACQUITTER.

Payer, c'est remplir la condition d'un marché, en livrant le prix convenu d'une chose ou d'un service qu'on reçoit. *Acquitter*, c'est remplir une charge imposée, de manière à être libéré et quitte avec celui envers qui elle était imposée.

On *paye* des denrées, des marchandises, des services, des travaux, etc., mais on n'*acquitte* pas ces objets. On *acquitte* des obligations, des billets, des contrats, ce qui engage et grève à quelque titre; et ce n'est pas dans ce sens qu'on les *paye.* On s'*acquitte* d'un devoir, et l'on ne se *paye* pas. En *payant* une dette, on s'*acquitte* envers son créancier. Le *payement* termine le marché; l'*acquit* décharge la personne ou la chose.

On ne *paye* pas un bienfait, il est gratuit; mais on *acquitte* envers le bienfaiteur les obligations de la reconnaissance ; c'est un devoir.

Avoir Peine , avoir de la peine à faire une chose.

Avoir peine désigne la répugnance, la répulsion qu'on éprouve à faire une chose. *Avoir de la peine* exprime la difficulté plus ou moins grande qu'on y trouve. Ce que vous *avez peine* à faire, vous le faites malgré vous. Ce que vous *avez de la peine* à faire, est difficile, et exige plus ou moins d'efforts, vous fatigue plus ou moins.

Penchant , pente , propension , inclination.

Au propre , le *penchant* est une direction qui porte la chose vers le bas : la *pente* est un abaissement progressif qui mène la chose de haut en bas : la *propension* est une tendance naturelle de la chose vers un terme qui l'attire puissamment. L'*inclination* est une impression qui fait plier ou courber la chose d'un côté.

On dit le *penchant* d'une montagne , d'une colline ; la *pente* d'une montagne , d'une rivière. *Propension* désigne une sorte de force interne par laquelle un objet gravite ou tend en bas : ainsi , les corps graves ont une *propension* naturelle vers le bas ou leur centre.

Inclination ne se dit guère que quand il s'agit de courber son corps ou sa tête, ou de pencher doucement un autre corps, comme quand on verse par *inclination*. Hors de là, et s'il est question de lignes et de plans, on dit *inclinaison*.

En morale, le *penchant* marque une forte impulsion; la *pente* une situation glissante; la *propension*, un puissant attrait; l'*inclination*, une sorte de goût ou une disposition favorable.

PENDANT QUE, TANDIS QUE.

Pendant que n'est guère employé que pour désigner la circonstance ou l'époque commune des choses. *Pendant que* vous lisiez, j'écrivais.

Tandis que sert à marquer des rapports moraux entre deux choses, et à faire sortir les oppositions, les contrastes, les disparates, comme si l'on disait au *lieu que*, *au rebours* : *Tandis que* l'ambitieux se tourmente dans la recherche du pouvoir et des honneurs, le sage goûte un bonheur paisible dans la recherche de la vérité.

PENSÉE, PENSER.

Pensée exprime la chose *pensée*, l'effet ou le produit de l'action de *penser*. *Penser*, qui est le verbe changé en substantif, comme on dit le *rire*, le *parler* d'une personne; le *faire* d'un artiste, désigne la manière propre et distinctive de *penser*; il peint le travail et le tourment de l'esprit; il le tient et pensant et pensif.

Les *pensées* inspirées et entretenues par une douce rêverie, par un tendre souvenir, par un sentiment affectueux, sont des *pensers*.

PENSÉE, PERCEPTION, SENSATION, CONSCIENCE, IDÉE, NOTION.

Si ces mots sont synonymes, c'est dans le sens où ils indiquent également des modifications de l'ame.

La *pensée* est l'opération propre de l'esprit. L'ame *pense* et sent; le cœur sent, et l'esprit *pense*.

La *perception* est, pour ainsi dire, la vision de l'objet présent, qui par l'impression qu'il fait sur l'entendement, s'en fait *apercevoir* et connaître. *Apercevoir* n'est pas simplement recevoir les impressions des objets, c'est encore les leur rapporter comme à leur cause ou à leur source : cette dernière opération suppose manifestement la réflexion d'après l'impression reçue.

La *sensation* est la *perception* excitée dans l'ame par la force des impressions produites sur nos sens ou sur les organes du corps; à la présence des objets extérieurs et sensibles : c'est une sorte de *perception* matérielle. La *sensation* va à l'ame par les sens; car c'est l'ame qui *sent*, et non le corps.

En métaphysique, la *conscience* est le sentiment intérieur que nous avons des objets, sans en avoir reçu l'idée par une impression étrangère. Nous avons le sentiment intérieur de notre existence, de nos pensées, de notre liberté, sans qu'on nous en donne l'*idée*.

Nous n'avons la connaissance des objets étrangers que par les idées que nos impressions nous en donnent : cette connaissance est une *perception* acquise, ce sentiment est *conscience*. En morale, la *conscience* est le sentiment intérieur de ce qui est bien et de ce qui est mal. Il est des objets dont nous jugeons bien sans réflexion, comme par instinct, mais par sentiment, par ce sentiment intérieur, ce sens intime qui fait la *conscience*.

L'*idée* est l'image, la représentation des objets, intimément unie à l'ame ou gravée dans son entendement. C'est par l'*idée* ou la représentation immédiate des choses, que l'esprit les aperçoit et les connaît.

La *notion* est une *idée*, mais une *idée* qui représente l'objet avec quelques détails ; elle représente ce qu'il a de commun avec les autres individus de son espèce ; elle en considère et compare les qualités communes ; elle déploie l'*idée* de la chose, mais d'une manière succincte et imparfaite : c'est un petit tableau, un court exposé, un assemblage de rapports considérés dans la chose. Telle est aussi l'acception secondaire du mot *idée* ; lorsqu'on dit donner une *idée* pour un petit précis, une légère notice d'une affaire.

Nous dirons également des *idées* ou des *perceptions* claires ou obscures, distinctes ou confuses, simples ou complexes, parce qu'il ne s'agit ici que de considérer des qualités communes aux *idées* et aux *perceptions*, sans aucun égard à l'attention que l'esprit peut leur donner, et à la manière dont il peut les envisager. Mais s'il faut exprimer formellement cette attention, c'est de la *perception*, et non de l'*idée*, qu'on parlera.

On ne dit pas la *notion* du blanc, parce que l'*idée* du blanc est une *idée* simple et première qui ne s'analyse pas, et la *notion* est un essai d'analyse.

PENSER, SONGER, RÊVER.

On *pense* tranquillement et avec ordre pour connaître son objet. On *songe* avec plus d'inquiétude et sans suite, pour parvenir à ce qu'on souhaite. On *rêve* d'une manière abstraite et profonde pour s'occuper agréablement.

PENSEUR, MÉDITATIF, PENSIF, RÊVEUR.

Un *penseur* est un homme d'une grande force et d'une grande habitude de pensée.

Un esprit *méditatif* est un esprit porté à la méditation.

On n'est *pensif* qu'au moment où une

pensée occupe ; *rêveur* , qu'au moment où l'on se livre à la rêverie.

Un *penseur* ne s'attache ordinairement qu'à des idées générales et à de grands objets. Un esprit *méditatif* trouve par-tout des sujets de méditation qui le ramènent à des idées importantes. Un projet qui occupe l'esprit rend *pensif* : un sentiment qui remplit l'ame et l'imagination, rend *rêveur*.

PERÇANT , PÉNÉTRANT.

Un esprit *perçant* voit les choses au travers des voiles dont on les couvre : il a une force de coup-d'œil au moyen de laquelle il ne se laisse pas tromper.

Un esprit *pénétrant* a une grande force d'attention et de réflexion ; il approfondit les choses sans s'arrêter à la superficie.

PERMÉABLE , PÉNÉTRABLE.

Ils se disent, en physique, de tout corps dont l'existence n'excluerait pas la coexistence d'un autre corps dans le même espace.

Un corps est *perméable* lorsque ses pores sont capables de laisser le passage à quelque autre corps ; c'est ainsi qu'un corps transparent est *perméable* à la lumière.

Un corps serait *pénétrable* , si le même espace qu'il occuperait tout entier pouvait encore admettre un autre corps sans déplacer le premier.

Les corps sont *perméables* à d'autres corps ; mais les corps sont *impénétrables* les uns à l'égard des autres.

PÉRIPHRASE, CIRCONLOCUTION.

Elles consistent à dire en plus de paroles ce que l'on n'aurait pu dire en moins.

La *périphrase* suppose la *phrase*, c'est-à-dire, une proposition composée de divers termes, et qui forme un sens. La *circonlocution* suppose la *locution*, c'est-à-dire, une certaine manière de s'exprimer qui a quelque chose de particulier. Ainsi, la *périphrase* roule naturellement sur une proposition entière, et la *circonlocution*, sur une expression quelconque. Par *circonlocution*, vous appellerez Louis XII *le père du peuple* ; Alexandre, le *vainqueur de Darius* ; ce n'est pas là une *phrase*. Par *périphrase*, vous direz que *le soleil sort des bras de Thétis*, ou qu'*il se replonge dans l'Océan*, pour dire qu'il se lève ou qu'il se couche : chacune de ces propositions a un sens complet. Cette différence est dans les termes, quoiqu'on y ait point d'égard ; car la *périphrase* tient aussi la place d'un mot, quoique ce soit plutôt l'office de la *circonlocution*.

La *périphrase* consiste à substituer à l'expression simple d'une idée, une description ou une expression plus développée, pour rendre le discours plus agréable, plus noble, plus sensible, plus frappant, plus intéressant, plus pittoresque.

La *circonlocution* sera plutôt une expression détournée, développée, et substituée à l'expression naturelle, sans art, ou moins par art et avec une intention oratoire ou poétique, que par nécessité, par convenance, pour la commodité, pour l'utilité : ce sera une *périphrase* commune, familière, sans prétention de style et de recherche dans l'élocution ; et la *périphrase* sera une *circonlocution* oratoire ou poétique, faite pour embellir ou relever le discours.

Dans la conversation ordinaire, on appelle *périphrases* des *circonlocutions* inutiles, superflues, étudiées, affectées, opposées à la simplicité naturelle de la conversation.

PERPÉTUEL, CONTINUEL, ÉTERNEL, IMMORTEL, SEMPITERNEL.

Perpétuel désigne le cours et la durée d'une chose qui va et revient toujours ; il exclut toute borne à la durée de la chose dans l'avenir. Mouvement *perpétuel* ; maux *perpétuels* ; rentes *perpétuelles*.

Continuel désigne le cours ou la durée prolongée d'une chose qui ne s'arrête pas, ou une suite longue de choses qui se succèdent rapidement ; il marque une chose commencée et suivie, sans interruption ; mais il ne détermine rien sur sa durée future. *Pluies continuelles, maux continuels.*

Éternel désigne la durée de l'objet qui n'a ni commencement ni fin, ou du moins qui n'a point de fin; il réunit les idées de *continuité* et de *perpétuité*, toujours avec une idée plus ou moins sévère et même effrayante. Dieu est *éternel*; des peines *éternelles.*

Immortel désigne la durée de l'être qui ne cesse pas ou qui ne meurt pas, une sorte d'*éternité* de l'être vivant ou d'un être personnifié, et de tout objet à qui l'on attribue la vie. L'ame est *immortelle*; une gloire *immortelle.*

Simpiternel désigne la durée de l'existence, la durée d'une chose qui ne périra pas; c'est une sorte d'*éternité* successive qui parcourt, comme par degrés, toute la suite des temps, jour par jour, tous les jours, pour ne jamais finir. Ce mot ne se dit qu'en raillant, d'une femme très-vieille, et qui, ce semble, ne peut mourir.

Ces termes se relâchent de leur sévérité, et ne marquent souvent qu'une durée, ou un temps plus ou moins long.

PERSÉVÉRER, PERSISTER.

Persévérer signifie continuer avec attache, ou plutôt poursuivre, avec une longue constance, ce qu'on avait commencé et même continué.

Persister signifie soutenir avec attachement, et confirmer avec une ferme assurance, ce qu'on a décidé ou résolu.

L'un se dit proprement des actions et de la conduite ; l'autre des opinions et de la volonté.

Pour *persévérer*, il faut toujours agir de même sans se démentir ; pour *persister*, il n'y a qu'à demeurer ferme, sans varier.

On *persévère* par l'habitude de faire, et c'est ce qui demande une longue constance : on *persiste* par la force de la résolution, et c'est ce qui annonce la fermeté. Rien ne résiste à celui qui *persévère* ; celui qui *persiste*, résiste à tout.

PERSONNAGE, RÔLE.

Ces deux termes désignent également l'objet d'une représentation, soit sur la scène, soit dans le monde.

Le terme de *personnage* est plus relatif au caractère de l'objet représenté ; celui de *rôle*, à l'art qu'exige la représentation. Un *personnage* est considérable ou peu important, noble ou bas, grand ou petit, etc. Un *rôle* est aisé ou difficile, bien ou mal rendu, etc.

PESANTEUR, POIDS, GRAVITÉ.

La *pesanteur* est dans les corps une qualité qu'on sent et qu'on distingue par ellemême.

Le

Le *poids* est la mesure ou le degré de cette qualité; on ne le connaît que par comparaison.

La *gravité* est précisément la même chose que la *pesanteur*, avec un peu de mélange de l'idée du *poids*; c'est-à-dire, qu'elle désigne une certaine mesure générale et indéfinie de *pesanteur*. *Gravité* n'est guère d'usage que dans l'occasion où l'on parle d'équilibre. Pour mettre un corps dans l'équilibre, il faut trouver le centre de *gravité*.

Au figuré, *pesanteur* se prend en mauvaise part; c'est l'opposé de la pénétration et de la vivacité d'esprit. Le *poids* s'applique à cette sorte de mérite qui naît de l'habileté jointe à un extérieur réservé, et qui procure à celui qui le possède du crédit et de l'autorité sur l'esprit des autres. *Gravité* est d'usage lorsqu'il s'agit de mœurs et de manières.

PESTILENT, PESTILENTIEL, PESTILENTIEUX, PESTIFÈRE.

Pestilent, qui tient de la peste, du caractère de la peste, qui est contagieux; la chose *pestilente* peut exciter ou communiquer un venin : air, souffle *pestilent*.

Pestilentiel, qui est infecté de peste, qui est propre à répandre la contagion. Les maladies, les fièvres *pestilentielles* sont propres à engendrer de funestes épidémies. Des exhalaisons, des vapeurs sont *pestilentielles*.

Tome II. G

Pestilentieux, qui est tout infecté et tout infect de peste, qui est fait pour répandre de tous côtés la contagion ; il s'emploie sur-tout dans un sens moral : des discours, des sentimens *pestilentieux* ; une doctrine *pestilentieuse*.

Pestifère, qui produit, porte, communique, répand la peste, la contagion : odeur, vapeur *pestifère*.

De tous ces mots, celui de *pestilentiel* nous est le plus familier.

PÉTULANCE, TURBULENCE, VIVACITÉ.

La *vivacité* se porte promptement à ce qu'elle désire ; la *pétulance* s'y porte brusquement et impétueusement ; la *turbulence* ne veut et ne désire que le mouvement, le bruit et l'agitation.

La *vivacité* dans les actions est le contraire de la lenteur ; la *pétulance* indique le manque de réflexion ; la *turbulence*, le manque d'idées et le besoin de mouvement.

On a de la *vivacité* dans l'esprit, dans le caractère, comme dans les actions : la *pétulance* ne se montre que dans les mouvemens ; la *turbulence* est un mouvement perpétuel sans règle et sans but.

PEU, GUÈRE.

Peu est l'opposé de beaucoup, et *guère* en devient une forte négation. S'il n'y a *guère* d'une chose, non-seulement il n'y en a pas *beaucoup*, mais il n'y en a pas assez, il n'y en a pas ce qu'il faut, il y en a trop *peu*, fort *peu*, il n'y en a presque point. Un homme qui a *peu* d'argent en a, et peut-être assez; un homme qui n'en a *guère* en manque ou en manquera.

Peu affirme positivement la petite quantité; et *guère* ne fait que l'indiquer ou la supposer. Savoir *peu* et parler *peu* expriment l'opposition formelle à *beaucoup*: ne voir *guère*, n'avoir *guère* à dire, indiquent l'idée vague de *pas grand'chose*.

On dit *guère* mieux, *guère* meilleur; mais il faut, dans ces cas, employer *peu* substantivement, et dire *un peu mieux*, *un peu meilleur*.

Quelquefois on emploie *guère* au lieu de *pas* ou *point*, dont il adoucit la force et modère l'énergie négative. Cette femme n'est *guère* jolie; cela signifie qu'elle est laide. Cette femme est *peu* jolie, signifierait qu'elle n'est pas fort jolie.

PEUR, FRAYEUR, TERREUR.

Ces trois expressions marquent, par gradation, les divers états de l'ame plus ou moins troublée par la vue de quelque danger. Si cette vue est vive et subite, elle cause la *peur*; si elle est plus frappante et réfléchie, elle produit la *frayeur*; si elle abat notre esprit, c'est la *terreur*.

G 2

on ne PEUT , on ne SAURAIT.

On ne saurait paraît plus propre pour marquer l'impuissance où l'on est de faire une chose. *On ne peut* semble marquer plus précisément et avec plus d'énergie l'impossibilité de la chose en elle-même. Ce qu'*on ne saurait* faire est trop difficile ; ce qu'on *ne peut* faire est impossible.

Un esprit vif *ne saurait* s'appliquer à de longs ouvrages. Un esprit grossier *ne peut pas* en faire de délicats.

PIQUANT , POIGNANT.

Poignant dit plus que *piquant*. Un point de côté vous *poind* et ne vous *pique* pas. Une injure *piquante* pique jusqu'au vif , perce jusqu'au cœur. Le *piquant* est même quelquefois très-agréable ; il réveille , il chatouille : on est toujours blessé , toujours souffrant de ce qui est *poignant*.

Piquant s'applique à la cause , à la chose qui pique ; et *poignant*, au mal , à la douleur que vous éprouvez. Un trait est *piquant*, et votre mal est *poignant*. Une épigramme est *piquante* ; le remords est *poignant*.

PIS , PIRE.

Pire est un adjectif ; *pis* est un adverbe. On ne dit pas un remède *pis*, mais *pire* que le mal : c'est toujours *pire* que vous joignez à un substantif.

Pis est l'opposé de *mieux* : il n'y a rien qui soit *pis* que cela ; ce que j'y trouve de *pis*.

Pire est l'opposé de *meilleur*.

Pis signifie *plus mal* ; et *pire*, *plus mauvais*. Quand on dit *le pire*, il y a toujours un substantif de sous-entendu : qui choisit prend souvent *le pire*, c'est-à-dire, le parti, l'objet le plus mauvais.

PITIÉ, COMPASSION, COMMISÉRATION.

La *pitié* est proprement la qualité de l'ame qui dirige sur les malheureux le sentiment de la bienveillance ou plutôt de la charité universelle ; elle résulte d'une correspondance générale établie dans la constitution et l'organisation des êtres sensibles, en vertu de laquelle, si vous faites résonner dans les uns les cordes de la douleur, vous les ébranlez dans les autres.

La *compassion* est le sentiment de *pitié* actuellement excité dans l'ame par des malheureux dont la douleur nous frappe droit au cœur.

La *commisération* est l'expression sensible d'un vif intérêt qui, excité dans l'ame par la *compassion*, se répand sur les malheureux avec plus ou moins d'effet.

PLAINDRE, REGRETTER.

On *plaint* le malheureux, on *regrette*
l'absent. L'un est un mouvement de la pitié,
et l'autre est un effet de l'attachement.

Un paresseux *plaint* sa peine; un parfait
indifférent ne *regrette* rien.

PLAISIR, BONHEUR, FÉLICITÉ.

Sentiment ou situation gracieuse de l'ame.

Le *plaisir* est plus rapide que le *bonheur*,
et le *bonheur* plus passager que la *félicité*.

PLAISIR, DÉLICE, VOLUPTÉ.

L'idée de *plaisir* est d'une bien plus vaste
étendue que celle de *délice* et de *volupté*,
parce que le mot a rapport à un plus grand
nombre d'objets que les deux autres: ce qui
concerne l'esprit, le cœur, les sens, la fortune, enfin tout est capable de nous procurer
du *plaisir*.

L'idée de *délice* enchérit, par la force
du sentiment, sur celle de *plaisir*; mais elle
est bien moins étendue par l'objet; elle se
borne proprement à la sensation, et regarde
sur-tout celle de la bonne chère.

L'idée de la *volupté* est toute sensible,
et semble désigner, dans les organes, quelque
chose de délicat qui rafine et augmente le
goût.

Au pluriel, ces trois mots expriment l'objet

ou la cause du sentiment ou de la situation gracieuse qu'ils indiquent au singulier. Alors le mot *plaisirs* a plus de rapport aux pratiques personnelles, aux usages et aux passetemps, tels que la table, le jeu, les spectacles. *Délices* en a davantage aux agrémens que la nature, l'art et l'opulence fournissent, telles que de belles habitations, des commodités recherchées, et des compagnies choisies. *Voluptés* désigne proprement des excès qui tiennent de la mollesse, de la débauche et du libertinage.

PLAUSIBLE, PROBABLE, VRAISEMBLABLE.

Plausible, qu'on peut approuver; *probable*, qu'on peut prouver par des raisonnemens; *vraisemblable*, qu'on peut supposer vrai.

Une excuse est *plausible* quand elle présente des apparences spécieuses : une opinion est *probable* quand elle a beaucoup de preuves en sa faveur : un fait est *vraisemblable* quand ce qu'on en raconte ressemble à ce qui doit être vrai.

PLEIN, REMPLI.

Il n'en peut plus tenir dans ce qui est *plein*; on n'en peut pas mettre davantage dans ce qui est *rempli*. Le premier a un rapport particulier à la capacité du vaisseau, et le second, à ce qui doit être reçu dans cette capacité.

PLIER, PLOYER.

Plier, faire des plis, mettre par plis : on *plie* du papier, du linge.

Ployer, céder, obéir, succomber : on *ploie* sous le faix ; une planche *ploie* à force d'être chargée.

Plier, c'est mettre en double ou par plis, de manière qu'une partie de la chose se rabatte sur l'autre.

Ployer, c'est mettre en forme de boule ou d'arc, de manière que les deux bouts de la chose se rapprochent plus ou moins. *Plier* et *ployer* diffèrent donc comme la *courbure* du *pli.* Le papier que vous plissez, vous le *pliez ;* le papier que vous *roulez,* vous le *ployez.*

Vous *dépliez* ce qui était *plié ;* vous *déployez* ce qui était *ployé.*

Plier se dit particulièrement des corps minces et flasques, ou du moins fort souples, qui se plissent facilement et gardent leur pli. *Ployer* se dit particulièrement des corps raides et élastiques, qui fléchissent sous l'effort et tendent à se rétablir dans leur premier état. On *plie* de la mousseline ; on *ploie* une branche d'arbre.

PLUS, DAVANTAGE.

Ces mots sont également comparatifs, et marquent tous les deux la supériorité.

Plus s'emploie pour établir explicitement

et directement une comparaison ; *davantage*
en rappelle implicitement l'idée et la renverse : l'aîné est *plus* riche que le cadet ; le
cadet est riche, mais l'aîné l'est *davantage*.
Par où l'on voit qu'avec *plus*, on met ordinairement un *que* qui amène le second terme
de la comparaison, et qu'après *davantage*,
on ne doit jamais mettre *que*, parce que le
second terme est énoncé auparavant.

POISON, VENIN.

Dans le sens propre et primitif, on désigne
par là certaines choses qui peuvent attaquer les
principes de la vie par quelque qualité maligne.

Le *poison* de sa nature est mortel ; quelquefois le *venin* n'est que malfaisant. Le *poison* se forme d'un *venin* mortel. Le *venin* est
dans la chose, et la chose elle-même est un
poison, considérée relativement aux ravages
qu'elle produit dans le corps, quand on l'a
avalée. On dit qu'une plante est un *poison* ;
on ne dit pas qu'un animal est un *poison* ; il
n'a que du *venin*. Le *venin* est la qualité maligne de la chose : le *poison* est le contraire de
l'aliment, quant à l'effet.

Dans le sens figuré, ces mots se disent des
discours, des maximes, des principes qui tendent à ruiner la morale, la religion, la société,
la subordination politique.

le Point du jour, la Pointe du jour.

Le *point* et la *pointe du jour* désignent le plus petit jour.

La *pointe du jour* est le premier rayon du jour qui commence à poindre ou à percer les ténèbres ; c'est la naissance du jour.

Le *point du jour* est le premier et le plus simple élément de la *journée* qui commence à courir : c'est l'origine du temps.

L'une est le commencement de la clarté, comme le grand-jour en est la plénitude ou l'éclat ; l'autre est le commencement de la durée, comme le midi en est le milieu.

Vous partez au *point du jour*, au commencement de la journée ; vous marchez à la *pointe du jour*, à la clarté du jour naissant.

Poli, policé.

Ils sont également relatifs aux devoirs réciproques des individus dans la société.

Poli ne suppose que des signes extérieurs de bienveillance : *policé* suppose des lois qui constatent les devoirs réciproques de la bienveillance commune , et une puissance autorisée à maintenir l'exécution des lois.

Les peuples *policés* valent mieux que les peuples *polis*.

POLTRON, LÂCHE.

Le *lâche* manque d'énergie ; le péril l'effraye tellement, qu'il ne conçoit pas même l'idée de la résistance.

Le *poltron* craint le danger ; se laisse aller à la peur.

Le *lâche* n'ose ni reculer, ni se servir de ses armes ; le *poltron*, qui n'est qu'intimidé, met tout en usage pour se sauver. L'un s'abandonne, tombe et se laisse achever ; l'autre dort l'œil ouvert, il fuit, il craint le bruit de la guerre ; mais s'il est forcé, il se bat, et se bat bien : aussi dit-on qu'il ne faut pas le révolter, au lieu que *l'épée du lâche ne fit jamais de mal.*

Par *lâcheté* on caractérise l'individu, on embrasse pour ainsi dire toutes les actions de sa vie. *Poltron* a un sens moins étendu ; il ne s'applique qu'à certaines circonstances. On rit quelquefois d'une *poltronnerie*, mais non pas d'une *lâcheté :* celle-ci est vice, l'autre n'est qu'un défaut.

PONTIFE, PRÉLAT, ÉVÊQUE.

Vous êtes *pontife* par la puissance et par la hauteur des fonctions que vous exercez dans l'église. Le pape est un *pontife*, le souverain *pontife*. L'ancienne Rome avait ses *pontifes*.

Vous êtes *prélat* par la dignité et par le rang que vous occupez dans la hiérarchie ecclésiastique.

Vous êtes *évêque* par le gouvernement que vous avez d'un diocèse. *Evêque* est le nom propre et vulgaire des *prélats* chargés de la conduite spirituelle d'un diocèse.

Le *pontificat* est une domination ; la *prélature*, une distinction ; l'*épiscopat*, une charge.

PORTER, APPORTER, TRANSPORTER, EMPORTER.

Porter n'a précisément rapport qu'à la charge du fardeau. *Apporter* enferme l'idée du fardeau et celle du lieu où l'on *porte*. *Transporter* a rapport non-seulement au fardeau et au lieu où l'on doit le *porter*, mais encore à l'endroit d'où l'on le prend. *Emporter* enchérit par-dessus toutes ces idées, en y ajoutant une attribution de propriété, à l'égard de la chose dont on se charge.

Les crocheteurs *portent* les fardeaux dont on les charge. Les domestiques *apportent* ce que leurs maîtres les envoient chercher. Les voituriers *transportent* les marchandises que les commerçans envoient d'une ville dans une autre. Les voleurs *emportent* ce qu'ils ont pris.

POSTER, APOSTER.

On *poste* pour observer ou pour défendre ; on *aposte* pour faire un mauvais coup. La troupe est *postée* ; l'assassin est *aposté*.

POSTURE, ATTITUDE.

La *posture* est la manière de poser le corps, plus ou moins éloignée de son habitude ordinaire.

L'*attitude* est une manière de tenir le corps, plus ou moins convenable à la circonstance présente.

La *posture* marque la position, et la position est mobile. L'*attitude* marque la contenance, et la contenance est ferme.

La *posture* est singulière; elle a toujours quelque chose qui, sortant de la nature ou de l'état ordinaire du corps, se fait remarquer. L'*attitude* est pittoresque; elle est l'expression naturelle du caractère, de la passion, de l'état actuel de l'ame. Celui qui, pour marcher, prend l'*attitude* d'un danseur, se met dans une *posture* ridicule.

La *posture* embrasse le corps entier; l'*attitude* n'est quelquefois que de certaine partie, telle que la tête.

POUDRE, POUSSIÈRE.

La *poudre* est la terre desséchée, divisée et réduite en petites molécules.

La *poussière* est la *poudre* la plus fine, que le moindre vent enlève, qui s'envole, se dissipe.

Nous appelons *poudres* différentes sortes de compositions ou de substances broyées, pulvérisées , et semblables à de la *poudre :* *poudre de senteur, poudre à canon, poudre à poudrer.* Nous appelons *poussière* tout ce qu'il y a de plus subtil et de plus fin , comme cette matière qui s'élève sur les étamines des fleurs pour les féconder.

Pour , afin.

Ces deux mots signifient qu'on fait une chose en vue d'une autre.

Pour marque une vue plus présente ; *afin* en marque une plus éloignée.

Pour regarde plus particulièrement un effet qui doit être produit. Il fait tout ce qu'il peut *pour* plaire.

Afin regarde proprement un but où l'on veut parvenir. Il faut travailler pendant qu'on est jeune , *afin* de pouvoir se reposer quand on sera vieux.

Pourtant, cependant, néanmoins , toutefois.

Pourtant a plus de force et d'énergie ; il assure avec fermeté , malgré tout ce qui pourrait être opposé.

Cependant est moins absolu et moins ferme ; il affirme seulement contre les apparences contraires.

Néanmoins distingue deux choses qui paraissent opposées , et il en soutient une sans détruire l'autre.

Toutefois dit proprement une chose par

exception; il fait entendre qu'elle n'est arrivée que dans l'occasion dont on parle.

Pouvoir, puissance, faculté.

C'est, dans un sujet, une disposition, par le moyen de laquelle il est capable d'agir ou de produire un effet.

Le *pouvoir* vient des secours ou de la liberté d'agir; la *puissance* vient des forces; la *faculté* vient des propriétés naturelles.

Précipice, gouffre, abîme.

Précipice emporte l'idée d'un vide escarpé de toutes parts, d'où il est presque impossible de se retirer quand on y est tombé.

Gouffre renferme une idée particulière de voracité insatiable, qui entraîne, fait disparaître et consume tout ce qui en approche : on est englouti par le *gouffre*.

Abîme emporte l'idée d'une profondeur immense, jusqu'où l'on ne saurait parvenir, et où l'on perd également de vue le point d'où l'on est parti, et celui où l'on voulait aller : on se perd dans l'*abîme*.

Le *précipice* a des bords glissans et dangereux; le *gouffre* a des tours et des circuits dont on ne peut se dégager; l'*abîme* ne présente que des routes obscures et incertaines, qu'aucun but ne termine.

On dit, au figuré, un *gouffre* de malheurs; un *abîme* de ténèbres; le chemin des grandeurs couvre mille *précipices*.

Précis, concis.

Précis regarde ce qu'on dit ; et *concis*, la manière dont on le dit. L'un a la chose pour objet, et l'autre l'expression.

Le discours *précis* ne s'écarte pas du sujet, rejette les idées étrangères, et méprise tout ce qui est hors de propos. Le discours *concis* explique et énonce en très-peu de mots, et bannit tout le surabondant.

Précis, succinct, concis.

Précis et *succinct* regardent les idées ; le *précis* rejette celles qui sont étrangères, et n'admet que celles qui tiennent au sujet ; le *succinct* se débarrasse des idées inutiles, et ne choisit que celles qui sont essentielles au but.

Le *concis* est relatif à l'expression ; il rejette les mots superflus, évite les circonlocutions inutiles, et ne fait usage que des termes les plus propres et les plus énergiques.

Précision, abstraction.

Séparation faite par la force de l'esprit dans la considération des objets.

La *précision* sépare les choses véritablement distinctes, pour empêcher la confusion qui naît du mélange des idées.

L'*abstraction* sépare les choses réellement inséparables, pour les considérer à part indépendamment les unes des autres.

La première est un effet de la justesse et de la netteté de l'entendement, qui fait qu'on n'ajoute rien d'inutile et hors d'œuvre au sujet qu'on traite ; par conséquent, elle convient par-tout, dans les affaires comme dans les sciences. La seconde est l'effort d'un esprit métaphysique, qui écarte du point de vue tout ce qu'on veut détacher du sujet qu'on traite.

Le but de la *précision* est de ne point sortir du sujet ; celui de l'*abstraction* est de ne pas entrer dans toute l'étendue du sujet, en n'en prenant qu'une partie, sans égard à l'autre, comme, par exemple, lorsqu'on considère l'étendue séparément, indépendamment du corps.

On ne saurait se faire des idées trop *précises* ; mais il est quelquefois dangereux d'en avoir de trop *abstraites* : les premières embellissent le langage ordinaire, elles en font le sublime ; les idées *abstraites* y sont fatigantes : elles ne sont bien placées que dans les conversations savantes.

PRÉDICATION, SERMON.

La *prédication* est la fonction du prédicateur ; le *sermon* est son ouvrage.

Les discours faits aux infidèles pour leur annoncer l'évangile, sont des *prédications* ; ceux qui sont faits aux chrétiens pour nourrir leur piété, sont des *sermons*.

PRÉDICTION, PROPHÉTIE.

Annonce des choses futures.

La *prédiction* peut porter sur des évène-mens soumis aux calculs de la prévoyance.

- La *prophétie*, toujours indépendante de la raison, ne peut être que l'effet de l'inspiration.

PRÉÉMINENCE, SUPÉRIORITÉ.

La *prééminence* est l'attribut d'un homme plus élevé en dignité que les autres ; elle tient à l'opinion.

La *supériorité* est celui d'un homme plus grand que les autres par ses qualités person-nelles ; elle est de fait.

PREMIER, PRIMITIF.

Supposez une suite de plusieurs êtres qui se succèdent dans un certain espace de temps ou d'étendue, celui de ces êtres qui est à la tête de cette suite, qui la commence, est *pre-mier* ou *primitif*.

Premier se dit en parlant de plusieurs êtres réels ou abstraits, entièrement distingués les uns des autres, mais que l'on envisage seule-ment comme appartenans à la même suite. *Primitif* se dit en parlant des différens états successifs d'un même être.

Les deux *premiers* consuls de Rome furent Junius Brutus et Tarquinius Collatinus. Plu-sieurs savans ont prétendu qu'on pouvait retrouver en partie la langue *primitive* du genre humain.

PRÉOCCUPATION, PRÉVENTION, PRÉJUGÉ.

La *préoccupation* est l'état d'un esprit si plein, si possédé de certaines idées, qu'il ne peut plus en entendre ou en concevoir de contraires.

La *prévention* est une disposition de l'ame telle qu'elle la fait pencher à juger plus ou moins favorablement ou défavorablement d'un objet.

Le *préjugé* est un jugement anticipé, ou une croyance établie sans un examen suffisant ou une connaissance convenable de la chose.

La *préoccupation* ôte la liberté de l'esprit ; elle l'absorbe. La *prévention* ôte l'impartialité du jugement ; elle suborne. Le *préjugé* ôte le doute raisonnable ; il tranche.

PRÉROGATIVE, PRIVILÉGE.

La *prérogative* regarde les honneurs et les préférences personnelles ; elle vient principalement de la subordination, ou des relations que les personnes ont entre elles.

Le *privilége* regarde quelque avantage d'intérêt ou de fonction ; il vient de la concession du prince ou des statuts de la société.

PRÈS, PROCHE.

Proche exprime le superlatif, une grande proximité, un étroit voisinage. Un homme

qui a été *proche* ou *tout proche* du but, en a
a approché *fort près*, *très-près*.

Dans le discours familier, et pour abréger,
on supprime quelquefois la préposition *de*,
dont les prépositions *près* et *proche* doivent
être suivies : *près* ou *proche le Pont-Neuf,
la porte St-Antoine.*

La préposition *de* se met quelquefois devant
près, et non pas devant *proche* : voir *de près* ;
serrer, suivre, tenir, toucher *de près*.

Proche se prend adjectivement : deux villages sont *proches*, plus ou moins *proches*
l'un de l'autre. *Près* est toujours adverbe.

Près signifie souvent *sur le point de* :
on dit *près* et non *proche* de faire, de partir,
de tomber, de périr, etc.

Proche s'emploie toujours au propre, et
pour exprimer une proximité de lieu ou de
temps. *Près* s'emploie selon diverses acceptions, et dans une foule d'expressions figurées.

PRÉSENTER, OFFRIR.

Présenter, c'est *offrir* une chose présente ;
offrir, c'est proposer une chose quelconque,
présente ou absente. Vous *présentez* ce que
vous avez à la main, sous la main ; vous *of-
frez* ce que vous avez à votre disposition, en
votre pouvoir.

On *présente* à une personne, afin qu'elle
reçoive ou qu'elle prenne, comme de la main
à la main ; on lui *offre*, afin qu'elle accepte
ou qu'elle agrée.

Il y a entre *offrir* et *présenter* la même différence qu'entre *offre* ou *proposition* et *présentation*.

PRÉSOMPTION, CONJECTURE.

La *présomption* est une opinion fondée sur des motifs de crédulité.

La *conjecture* est une opinion établie sur de simples apparences.

L'une forme un préjugé légitime ; l'autre n'est qu'un simple pronostic. La *présomption* est plus forte de raison que la *conjecture*.

La *présomption* est donnée par les choses ; la *conjecture* est trouvée par l'imagination. La première attend la certitude ; la seconde tend à la découverte.

Il ne suffit pas de *présumer*, il faut prouver ; il ne suffit pas de *conjecturer*, il faut trouver. La *présomption* doit se changer en conviction, et la *conjecture* en réalité.

PRESSENTIR, SE DOUTER, SOUPÇONNER.

On *pressent* ce qui doit arriver ; on *soupçonne* une chose cachée ; on *se doute* de celle qui n'est pas tout-à-fait connue.

Pressentir exprime une idée vague et peu arrêtée : *soupçonner*, une idée confuse et légèrement motivée : *se douter* est l'expression d'une croyance qui n'a pas acquis le degré de certitude dont elle est susceptible.

On *pressent* une résolution avant qu'elle

soit prise ; on *soupçonne* des intentions avant
que rien les ait fait connaître ; on *s'en doute*
au moment où elles commencent à se manifester.

sous le Prétexte , sur le Prétexte.

On fonde , on établit, on appuie *sur* ; on
dissimule , on cache *sous*. Ainsi, on fonde, on
appuie ses desseins, ses actions *sur un prétexte :* on cache ses desseins, ses motifs *sous
un prétexte.* Le *prétexte* est une raison
fausse, feinte, apparente et mauvaise. Quand
on fait une chose sans raison, on la fait *sur
un prétexte ;* quand on la fait pour des raisons
qu'on dissimule, on la fait *sous un prétexte.*
Dans le premier cas, on veut s'autoriser, se
disculper ; dans le second, se déguiser , en
imposer.

On laisse aller le mal, *sur le prétexte*
qu'il est impossible d'y remédier ; on protége
les abus, *sous le prétexte* qu'ils tiennent à
des choses utiles, mais en effet parce qu'ils
sont utiles à ceux qui les protégent.

Prêtrise , Sacerdoce.

La *prêtrise* et le *sacerdoce* désignent l'ordre et le caractère de prêtre de la religion
chrétienne.

Avec la simple *prêtrise*, on n'a pas le pouvoir de conférer les ordres, ni celui de confirmation, ni même celui d'exercer, sans une

juridiction ou sans une approbation particulière, le pouvoir de conférer. Le *sacerdoce*
suppose cette approbation, et donne ces différens pouvoirs.

Prêtrise est le mot vulgaire; *sacerdoce*
est un mot noble, qui s'applique également
aux prêtres de tout genre et de toutes les nations, tandis que *prêtrise* n'a d'usage qu'à
l'égard des prêtres de la religion chrétienne.

SE PRÉVALOIR, SE TARGUER, SE GLORIFIER.

Se prévaloir d'une chose, c'est s'en faire
un droit; *s'en targuer*, s'en faire un avantage; *s'en glorifier*, s'en faire un mérite. *Se
glorifier* a pour but de s'élever soi-même; *se
targuer*, d'humilier les autres; *se prévaloir*,
de l'emporter sur eux.

On peut *se glorifier* d'un mérite faux. On
ne *se targue* que d'un avantage réel, mais
dont on s'exagère l'importance. On ne *se pré-
vaut* que d'un avantage reconnu, mais dont
on étend trop les droits.

PRIER, SUPPLIER.

Demander avec ardeur et avec soumission à
ceux qui sont en état d'accorder ce qu'on
désire.

Prier, employé dans un sens religieux,
marque un acte de culte, un hommage de
religion, un devoir et un exercice de piété;
il signifie faire la prière, ses prières, les priè-

res par lesquelles on rend un devoir et un culte.

Dans ce sens, ont dit *prier* tout seul, ou *prier* Dieu, sans addition, sans spécifier ce qu'on lui demande.

Dans le sens ordinaire qui rend *prier* et *supplier* synonymes, *supplier* est beaucoup plus respectueux, et marque, dans celui qui demande, un désir plus vif et un besoin plus urgent d'obtenir. Nous *prions* nos égaux et nos amis de nous rendre quelque service; nous *supplions* le roi et les personnes constituées en dignité de nous accorder quelque grâce, ou de nous rendre justice.

PRIER DE DÎNER, PRIER A DÎNER, INVITER A DÎNER.

Prier marque plus de familiarité, et *inviter* plus de considération. Quand on *prie de dîner*, c'est sans apprêt: quand on *prie à dîner*, l'apprêt ne doit être qu'un meilleur ordinaire; mais quand on *invite à dîner*, l'apprêt doit sentir la cérémonie.

PRINCIPE, ÉLÉMENT.

Le *principe* est la cause première sans laquelle rien n'existerait; l'*élément* est la chose à laquelle nous devons accroissement et conservation. La chaleur est le *principe* de la vie; l'air est notre *élément*.

Élément, en physique, se dit d'un corps simple.

simple qui entre dans la composition de la matière , et par le moyen duquel elle existe dans son *intégralité.*

Les *élémens* des sciences et des arts sont les premières règles qui dérivent des *principes*, c'est-à-dire , de l'objet.

Le *principe* est aux *élémens* ce que la cause est à l'effet. Les *élémens* n'existeraient pas sans le *principe* ; mais celui-ci peut exister sans effet.

La physique et la chimie ont nommé *principes* les corps simples qui entrent dans la composition des mixtes.

Privé , apprivoisé.

Les chiens et autres animaux qui naissent au milieu de nous sont naturellement *privés :* votre moineau, votre serin, vos tourterelles, ne sont *privés* que parce que vous les avez *apprivoisés.* Voyez *apprivoisé.*

se Priver, s'abstenir.

S'abstenir n'exprime qu'une action ; *se priver* exprime aussi le sentiment qui l'accompagne. On peut *s'abstenir* d'une chose indifférente ; on ne se *prive* que d'une jouissance.

Pour sentir la *privation*, il faut avoir connu la jouissance ; on peut *s'abstenir* de choses que l'on ne connaît pas.

On *se prive* de ce que l'on possède ; on *s'abstient* de ce que l'on ne tient pas encore.

Tome II.   H

C'est plutôt pour soi qu'on *s'abstient*, et plutôt pour les autres qu'on *se prive*.

PRIVER, FRUSTRER.

On *prive* un homme de ses biens; on le *frustre* de ses espérances. *Priver*, c'est détruire ou interrompre une possession existante; *frustrer*, c'est tromper une attente fondée sur des droits ou des promesses.

On peut *priver* légitimement; l'idée de trahison ou d'injustice entre toujours dans celle de *frustrer*.

PRIX, RÉCOMPENSE.

Prix désigne la valeur des choses, l'estime qu'on en fait, ce qu'on en donne.

La *récompense* est ce qu'on rend, ce qu'on *dispense* en compensation, pour rétribution.

Le *prix* est ce que la chose vaut; la *récompense* est ce que la chose mérite : vous payez le *prix* de la chose que vous achetez; vous donnez une *récompense* pour le service qu'on vous a rendu.

Le salaire d'un ouvrier est le *prix* de son travail : une gratification sera la *récompense* de son assiduité.

Le mot *prix* marque naturellement la comparaison, le concours, l'estimation, la préférence. Aussi l'on met des *prix* au concours; ces *prix* sont de nobles salaires assignés à de nobles travaux. On propose, on promet aussi des *récompenses ;* mais elles semblent toujours avoir une teinte de faveur et de grâce. On gagne, on remporte un *prix ;* on obtient, on reçoit une *récompense.*

Probité, intégrité, honnêteté.

La *probité* est d'un cœur droit; c'est la qualité de l'homme ferme et constant à respecter les droits d'autrui, et à rendre à chacun ce qui lui appartient, selon les règles essentielles du juste.

L'*intégrité* est d'un cœur pur ; c'est la qualité de l'homme ferme et constant à remplir ce qu'il doit, sans que sa fidélité soit jamais altérée.

L'*honnêteté* est d'un cœur bon, bien né ; c'est la qualité de l'homme ferme et constant à pratiquer le bien que la morale prescrit, d'après les règles imprimées par la nature dans le cœur humain.

La *probité* exclut toute injustice; l'*intégrité* exclut la corruption ; l'*honnêteté*, le mal et même les mauvaises manières de faire le bien.

Probité, vertu, honneur.

L'heureuse habitude de fuir le mal et de faire le bien.

La fidélité aux lois, aux mœurs et à la conscience, fait l'exacte *probité ;* la *vertu,* supérieure à la *probité,* exige qu'on fasse le bien, et y détermine. La *probité* défend, il faut obéir ; la *vertu* commande, mais l'obéissance est libre. On estime la *probité* ; on respecte la *vertu*.

Ne faites point à autrui ce que vous ne voudriez pas qui vous fût fait, voilà la *probité*. Faites à autrui ce que vous voudriez qui vous fût fait, voilà la *vertu*.

Outre la *vertu* et la *probité*, qui doivent être les principes de nos actions, il y en a un troisième, et c'est l'*honneur* : il est différent de la *probité* ; peut-être ne l'est-il pas de la *vertu* ; mais il lui donne de l'éclat, et peut-être une qualité de plus.

L'homme de *probité* se conduit par éducation, par habitude, par intérêt ou par crainte. L'homme *vertueux* agit avec bonté. L'homme d'*honneur* pense et sent avec noblesse ; ce n'est pas aux lois qu'il obéit ; ce n'est pas la réflexion, encore moins l'imitation qui le dirigent ; il pense, il parle et agit avec une sorte de hauteur, et semble être son propre législateur à lui-même.

PROBLÉMATIQUE, DOUTEUX, INCERTAIN.

Vous chercherez la solution de ce qui est *problématique*, la vérification de ce qui est *douteux*, la confirmation de ce qui est *incertain*.

Il n'y a point encore de raison de prononcer dans les choses *problématiques* ; l'esprit est indifférent pour et contre. Il n'y a pas de raisons suffisantes pour se décider dans les

choses *douteuses ;* l'esprit est embarrassé entre
le pour et le contre. Il n'y a pas assez de raisons de croire dans les choses *incertaines ;*
l'esprit voit le pour et craint le contre.

PROCÉDER, PROVENIR, ÉMANER, DÉCOULER,

DÉRIVER.

Ces termes désignent le rapport des choses
avec leur origine.

Procéder indique particulièrement le principe et un certain ordre dans les choses : le
discours *procède* de la pensée ; le mal *procède*
d'un vice.

Provenir indique la cause et les moyens ou
la manière de produire l'effet : la licence *provient* de l'impunité ; on veut savoir d'où les
choses *proviennent.*

Provenir est plus du discours ordinaire, et
procéder, du discours philosophique ou relevé : l'un et l'autre ne se disent qu'au figuré.

Emaner désigne particulièrement la source
et l'action de répandre avec force : la lumière
émane du soleil ; des vérités innombrables
émanent d'un grand principe.

Découler indique la source, la vie et l'écoulement successif : l'eau *découle* d'une fontaine
par un tuyau ; la sueur *découle* des corps par
les pores de la peau ; une conséquence *découle*
des prémisses dans un raisonnement.

Découler s'applique proprement aux liquides, dont l'écoulement est perceptible et suc-

cessif, tels que l'eau ; mais *émaner* concerne plutôt l'émission des fluides subtils, tels que la lumière.

Dériver indique la source ou la racine ; l'action d'en tirer la chose, ses modifications : l'eau d'un canal *dérive* ou est *dérivée* d'un ruisseau ; divers mots *dérivent* d'une racine commune.

PROCHE, PROCHAIN, VOISIN.

Proche annonce une proximité quelconque de lieu ou de temps, et même un moindre éloignement. Saint-Denis est *proche* de Paris.

Prochain annonce une grande proximité de temps ou de lieu, une proximité très-grande, ou relativement grande : l'été *prochain* est le premier été qui arrivera.

Voisin annonce une grande proximité locale : l'Espagne est *voisine* de la France.

PRODIGE, MIRACLE, MERVEILLE.

Ces trois termes annoncent quelque chose de surprenant et d'extraordinaire.

Le *prodige* est un phénomène éclatant qui sort du cours ordinaire des choses ; le *miracle*, un étrange évènement qui arrive contre l'ordre naturel des choses ; la *merveille*, une œuvre admirable qui efface tout un genre de choses.

Le *prodige* surpasse les idées communes ; le *miracle*, toute notre intelligence ; la *mer-*

veille, notre attente et notre imagination. Une cause cachée fait les *prodiges :* une puissance extraordinaire fait les *miracles ;* une industrie rare fait les *merveilles.*

PRODIGUE, DISSIPATEUR.

Le *prodigue* s'écarte des règles de l'économie ; le *dissipateur* donne dans l'extrémité opposée à l'avarice. Toute dépense inutile, toute profusion peut être regardée comme *prodigalité ;* toute dépense destructive est *dissipation.*

L'avare en certaines occasions est *prodigue ;* mais il n'est jamais *dissipateur.* On est *prodigue* toutes les fois que la dépense est nécessaire, mais qu'elle est poussée trop loin. Le *dissipateur* est celui qui, sans raisons, sans motifs et sans utilité, répand çà et là. Le *prodigue* fait trop bien ce qu'il fait ; le *dissipateur* fait trop de petites choses ou de choses inutiles.

PRODUCTION, OUVRAGE.

Nous disons les *productions* de la terre, de la nature, de l'esprit, du génie, de toute cause qui produit par elle-même, qui donne l'être à ce qui ne l'avait pas, qui tire une chose de sa propre substance ou de son fonds. *L'ouvrage* est ce qu'on fait, le travail, ce qu'opère l'industrie : on dit des *ouvrages* de menuiserie, de broderie, etc. ; et ce ne sont pas des *productions.*

H 4

Dans les *productions*, c'est la substance de la chose que l'on considère ; et dans les *ouvrages*, la forme. La *production* donne l'être ; l'ouvrier travaille la *production* ou la chose produite.

La *production* est l'ouvrage de la fécondité ; l'*ouvrage* est le résultat du travail. L'arbre est une *production* de la terre ; la charpente est un *ouvrage* formé de cette *production* par la façon qu'on lui a donnée.

Les *productions* appartiennent aux puissances qui produisent, enfantent, créent, donnent l'existence ; mais les *ouvrages* seront fort improprement appelés *productions* au figuré, s'ils n'ont aucun mérite d'invention et de nouveauté. En mettant en œuvre les pensées d'autrui, on peut faire un *ouvrage* ; mais il faut créer pour donner des *productions*. Nous dirons les *productions d'un auteur* ; car le propre de l'auteur est d'augmenter la somme des lumières. Nous dirons les *ouvrages d'un écrivain* ; car il n'y a qu'à rapporter et à tourner les choses à sa manière pour être écrivain.

PROFANATION, SACRILÉGE.

La *profanation* est une irrévérence commise envers les choses consacrées par la religion ; elle peut avoir lieu par oubli ou par ignorance.

Le *sacrilége* est un crime commis, avec intention, contre la divinité même.

Un *profane* est celui qui n'a pas le droit

d'être admis à la participation des choses sain-
tes : un *sacrilége* est celui qui attente aux
choses divines.

Proférer, articuler, prononcer.

Proférer, c'est prononcer des paroles à
haute et intelligible voix. *Articuler*, c'est prononcer distinctement, ou marquer les syllabes
en les liant ensemble. *Prononcer*, c'est exprimer ou faire entendre par le moyen de la
voix.

Une personne confuse ou interdite ne pourra
pas *proférer* une seule parole. Lorsque le canal du nez est obstrué, il n'est plus possible
de bien *articuler* les lettres et les syllabes na-
sales ; et l'on dit qu'une personne parle du nez,
lorsqu'en effet la voix sonore ne passe point
par le nez. Les peuples qui parlent la même
langue ne la prononcent pas tous de même :
c'est dans ce sens que l'on dit que chaque province a son accent.

Proie, butin.

Proie sert proprement à désigner ce que les
animaux carnassiers ravissent et mangent, leur
chasse. *Butin* désigne proprement ce qu'on a
pris en guerre ou sur l'ennemi, des dépouilles.
Mais l'un et l'autre sont le plus souvent employés dans des sens plus vagues ; le premier
avec une idée distinctive de *destruction*, le
second avec une idée caractéristique de *pillage*.
L'appétit féroce cherche une *proie* ; l'avide

cupidité cherche du *butin*. L'animal carnassier court à sa *proie* pour la déchirer et en faire sa pâture ; l'abeille diligente vole au *butin* pour l'enlever et l'emporter dans sa ruche. Le chasseur poursuit sa *proie* ; le maraudeur fait du *butin*.

Celui qui ne vit que de *butin* sera la *proie* de la misère.

Butin ne se prend pas toujours, comme *proie*, dans un sens odieux. Le botaniste qui va herboriser revient chargé d'un riche *butin*.

PROJET, DESSEIN.

Le *projet* est un plan ou un arrangement de moyens pour l'exécution d'un *dessein* : le *dessein* est ce qu'on veut exécuter.

Projet se prend aussi, comme *dessein*, pour la chose qu'on veut exécuter. *Projet* regarde alors quelque chose de plus éloigné et de plus vague ; *dessein*, quelque chose de plus près et de plus déterminé. On fait des *projets* pour l'avenir ; on forme des *desseins* pour le temps présent.

PROMENADE, PROMENOIR.

Tout lieu où l'on se promène est *promenade* ; il n'y a de *promenoir* que le lieu destiné, arrangé, disposé exprès pour qu'on s'y promène. Des bois, des champs, des prairies sont des *promenades*, et non des *promenoirs*.

Promenade signifie proprement l'action de

se promener, et, par extension, le lieu où l'on se promène. *Promenoir*, mot presque oublié, désigne uniquement et à la lettre un lieu destiné pour la *promenade*.

PROMETTRE, S'ENGAGER, DONNER PAROLE.

Promettre suppose un accord où tout l'avantage est du côté de celui à qui l'on promet, et tout le pouvoir d'obliger du côté de celui qui promet. *Donner parole* ne lie que celui qui la donne, mais sans exprimer de quel côté est l'avantage. On ne *s'engage* que par une convention mutuelle où les avantages sont compensés des deux côtés. On *s'engage* à livrer tel jour une marchandise que celui qui la reçoit *s'engage* à payer. On donne *parole* de revenir tel jour pour terminer une affaire. On *promet* de rendre un service à celui qui en a besoin.

On est lié envers celui à qui l'on a *promis*, par les espérances qu'on lui a données; envers celui avec qui l'on *s'engage*, par les droits qu'il peut faire valoir. Celui qui *donne sa parole* est lié envers lui-même par l'honneur qui l'oblige à la tenir.

PROMPTITUDE, CÉLÉRITÉ, VÎTESSE, DILIGENCE.

Mouvement expéditif.
La *promptitude* fait commencer aussitôt; elle exclut les délais. La *célérité* fait agir de suite; elle ne souffre point d'interruption. La

vîtesse emploie tous les momens avec activité; elle est ennemie de la-lenteur. La *diligence* choisit les voies les plus courtes et les plus efficaces; elle met tout à profit, et fuit les longueurs.

PROPRE A, PROPRE POUR.

Propre à désigne des dispositions plus ou moins éloignées, une aptitude ou une capacité nécessaire, mais peut-être insuffisante, une vocation ou une destination encore imparfaite.

Propre pour marque des dispositions prochaines, une capacité plutôt qu'une aptitude entière et absolue, une vocation ou une destination immédiate.

L'homme *propre à* une chose a des talens relatifs à la chose; l'homme *propre pour* la chose a le talent même de la chose.

Un savant en état de donner de bonnes leçons, est *propre pour* une chaire : un jeune homme en état de recevoir ses instructions est *propre aux* sciences.

On est tout formé à l'égard de la chose *pour* laquelle on est *propre :* il faudra se former à l'égard de la chose *à* laquelle on est *propre.* Un objet est *propre pour* faire, et *propre à* devenir.

PROSTERNATION, PROSTRATION.

Action de se prosterner devant quelqu'un, ou de se baisser, par une profonde révérence, jusqu'à ses genoux, jusqu'à ses pieds.

La *prosternation* est l'action de se prosterner ; la *prostration*, l'action par laquelle on
est prosterné. L'une est simplement un acte
de respect ; l'autre un état ou une posture plus
ou moins durable de respect. Dans la *prosternation* simple, on s'incline profondément, et
on se relève ; dans la *prostration*, on reste
profondément incliné. Ce dernier mot se prend
plutôt dans un sens religieux que l'autre. La
prostration est une *prosternation* profonde,
et qui, par sa forme ou sa durée, tient de
l'adoration.

PROTECTION, AUSPICES.

On se met sous la *protection* d'un homme
puissant qui saura vous défendre ; on se présente sous les *auspices* d'un homme considéré
qui vous fera regarder favorablement.

La *protection* est un abri tutélaire sous lequel on est à couvert des dangers et des insultes.
Les *auspices* font juger plus ou moins avan-
tageusement de ce qui vous regarde.

PROVERBE, ADAGE.

Mots ou dits sentencieux et familiers ou populaires.

Le *proverbe* est une sentence populaire,
ou un mot familier et plein de sens ; il annonce
une vérité naïve, tirée de l'observation. *Tel
maître, tel valet. Nul n'est prophète dans
son pays.*

L'*adage* est un *proverbe* piquant et plein de sel. *Bonne renommée vaut mieux que ceinture dorée.*

Il n'y a que du sens et de la précision dans le *proverbe* ; il y a de l'esprit et de la finesse dans l'*adage.*

Prouesse, exploit.

La *prouesse* n'est proprement que l'action d'un chevalier, d'un paladin : l'*exploit* est d'un grand capitaine, d'un général. Il n'y a qu'un aventurier qui fasse des *prouesses*, et qu'un homme ridiculement vain qui parle de ses *prouesses :* le héros, le conquérant font des *exploits*, et c'est aux *exploits* que la renommée et la gloire s'attachent.

Publicain, financier, traitant, partisan, maltotier.

Le *publicain* est le percepteur des revenus publics ; il ne s'applique qu'à la finance de l'antiquité.

Le *financier* lève l'impôt en argent fin ; il est ou fermier, ou régisseur, ou entrepreneur.

Les *traitans* étaient ceux qui traitaient, moyennant une certaine somme, pour la rentrée d'un recouvrement particulier.

Partisan présente l'idée du soldat qui met à contribution le pays ennemi : c'est une dénomination odieuse qu'on donnait au *traitant* qui se chargeait d'une levée vexatoire.

Maltotier était une dénomination inju- rieuse qu'on donnait aux *traitans* qui vexaient.

PURETÉ , CHASTETÉ , PUDICITÉ , CONTINENCE.

La *pureté* est l'état de l'ame qui conserve la fleur de l'innocence ; c'est la *chasteté* la plus pure , la plus entière , la plus parfaite , exempte de toute souillure , de tout ce qui pourrait l'altérer ou la ternir.

La *chasteté* est une vertu forte et sévère qui dompte le corps , l'épure , et tient cons- tamment ses appétits ou ses jouissances dans un respect sacré de la loi.

La *pudicité* est une qualité délicate et ver- tueuse qui met toujours la *pudeur* devant les désirs et les plaisirs , pour se sauver de la honte , ou de la *déshonnêteté*, ou de l'immo- destie : elle se manifeste , se défend et se con- serve par la *pudeur* , qui est l'aversion mar- quée de la corruption , de tout ce qui est dés- honnête et honteux , une honte chaste et naïve qui s'exprime ordinairement par la rougeur du visage.

La *continence* est le mérite sublime de ré- sister invinciblement à la soif des plaisirs , par un empire sans cesse combattu , mais toujours conservé , sur les sens.

Purger, purifier, épurer.

Purger, c'est débarrasser ou délivrer la chose de ce qui s'y trouve de sale ou de nuisible. On *purge*, on se *purge*, en évacuant, expulsant du corps ce qui est contraire à la santé : on *purge* les laines dont on détache les ordures : on *purge* les métaux en les séparant des matières étrangères qui les dégradent : on *purge* un jardin des mauvaises herbes : on *purge* une contrée, une société, des voleurs, des fripons dont on l'a délivrée : on *purge* son esprit d'erreurs et de préjugés funestes ou pernicieux.

Purifier, c'est dissiper ou détruire ce qu'il y a de mauvais et de vicieux dans la substance de la chose : ce mot suppose une cause ou une vertu active, pénétrante, efficace, qui s'insinue dans les substances, consume ou dissipe ce qu'elles ont d'impur, les raffine, les spiritualise, les change en bien et en mieux. Le feu *purifie* les métaux qu'il met en fusion : les vents *purifient* l'air qui se corrompt : le suc des alimens va *purifier* le sang dont il pénètre la masse : des principes purs et salutaires *purifient* les mœurs, les actions, les intentions, l'ame.

Épurer, c'est donner un nouveau degré de pureté, de bonté, d'agrément, de netteté, de clarté, de finesse, de délicatesse, d'élévation, en un mot, de perfection. Vous *épurez* le mercure en le sublimant. Les liqueurs devien-

nent plus claires, plus limpides, plus par-
faites, à mesure qu'elles s'*épurent*. Une diction
plus nette, plus châtiée, plus élegante, *épure*
le style. Le langage qui s'*épure*, se polit. Le
cœur, les sentimens, l'ame, les idées s'*épu-*
rent en s'élevant, en s'ennoblissant, en se per-
fectionnant.

Q

QUALITÉ, TALENT.

Les *qualités* forment le caractère de la personne ; les *talens* en font l'ornement. Les premières rendent bon ou mauvais ; les seconds rendent utile ou amusant, et ont grande part au cas qu'on fait des gens. On se fait aimer ou haïr par ses qualités ; on se fait rechercher par ses talens.

QUANT A MOI, POUR MOI.

Quant à moi, inspiré par un intérêt particulier, prend un air plus décidé, plus tranchant. *Pour moi*, ne désignant aucun motif, n'a ni faste ni prétention. Vous direz modestement et avec un air de doute : *Pour moi*, je penserais, je ferais. Vous direz avec fermeté et d'une manière résolue : *Quant à moi*, je pense, je fais.

QUASI, PRESQUE.

Quasi marque la ressemblance ; il suppose un peu de différence entre un objet et un autre. *Presque* marque la proximation ; il suppose peu de distance entre un objet et un autre. *Quasi* est un terme de similitude, et *presque* un terme de mesure.

Il est *quasi* mort, il est comme mort, il

est mort ou autant vaut. Il est *presque* mort,
il est près de mourir, il va mourir.

QUERELLER, GRONDER.

Gronder suppose une sorte d'autorité, de
supériorité, ou du moins de droit. Pour *quereller*, il suffit d'avoir de l'humeur ; on *querelle* son égal, et même son supérieur.

Quereller, c'est se plaindre, souvent sans
raison ; *gronder*, c'est reprocher un tort, toujours avec une apparence de justice.

L'homme *querelleur* cherche chicane, *querelle* à tout le monde ; il est contrariant : le
grondeur voit des torts par-tout et les reproche sans ménagement ; il est grognon.

QUESTIONNER, INTERROGER, DEMANDER.

On *questionne*, on *interroge*, on *demande*
pour savoir : mais il semble que *questionner*
fasse sentir un esprit de curiosité ; qu'*inter-
roger* suppose de l'autorité ; et que *demander*
ait quelque chose de plus civil et de plus respectueux.

L'espion *questionne* les gens. Le juge *interroge* les criminels. Le soldat *demande* l'ordre
au général.

R

RACE, LIGNÉE, FAMILLE, MAISON.

Les différentes désignations de la parenté déterminent divers rapports d'existence que l'on peut considérer dans les personnes du même sang. *Parenté* annonce les mêmes pères et mères, le même sang. *Race* marque l'origine, la première origine des personnes. *Lignée* exprime une file, une suite d'enfans et de petits-enfans. *Famille* désigne ceux qui sont élevés, nourris, qui existent, vivent par leur chef. *Maison* indique ici ceux qui sont faits pour demeurer et vivre ensemble.

La *race* rappelle son auteur, son fondateur, sa souche. La *race* des Héraclides, issue d'Hercule.

La *lignée* rappelle les enfans, les descendans. La *lignée* d'Abraham; la *lignée* de Henri IV.

La *famille* rappelle les chefs et les membres. La *famille* royale; la *famille* impériale; une telle *famille*.

La *maison* rappelle l'origine et les ancêtres. La *maison* de Lorraine, la *maison* de Saxe.

Race est susceptible de toutes sortes de qualifications morales ou civiles, honorables ou injurieuses.

Lignée ne se dit guère que dans le sens propre : un homme laisse une *lignée* nombreuse.

Le mot *famille* a diverses acceptions assez connues.

Il n'y a que des *maisons* illustres ou très-nobles.

Radieux, rayonnant.

L'effusion abondante de la lumière rend le corps *radieux* : l'émission de plusieurs traits de la lumière le rend *rayonnant*. Vous distinguez les *rayons* du corps *rayonnant* ; dans le corps *radieux*, ils sont tous confondus.

Le soleil est *radieux* avec un ciel pur : à travers les nuées transparentes, il n'est que *rayonnant*.

Un homme qui a un air de bonne santé, de contentement, de jubilation, est *radieux*. Celui qui vient de remporter un avantage honorable, un grand prix, une victoire, est tout *rayonnant* de gloire.

Raillerie, moquerie, persiflage.

La *raillerie* est une plaisanterie malicieuse; la *moquerie*, une plaisanterie mordante ; le *persiflage*, une plaisanterie piquante, fine et légère.

La *moquerie* peut tomber sur les absens comme sur les présens. Pour que la *raillerie* soit piquante, il faut que celui qui en est l'objet en sente quelque chose. On ne *persifle* qu'en face.

Râle, râlement.

Imitation parfaite du bruit ou des sons râuques qui sortent de la gorge lorsque les canaux de la respiration sont obstrués ou embarrassés, dans l'agonie sur-tout.

Râle exprime le bruit qu'on fait en *râlant*. *Râlement* marque la crise qui fait qu'on *râle*, qui donne le *râle*. Un agonisant a le *râle*; et vous voyez la poitrine oppressée, la gorge embarrassée, la respiration troublée par le *râlement*.

Rancidité, rancissure.

Ces termes désignent la corruption des graisses, des huiles qui ont contracté un goût fort et âcre, une odeur puante ou désagréable, soit en vieillissant, soit par la chaleur.

La *rancidité* est la qualité du corps *rance*: la *rancissure* est l'effet éprouvé par le corps *ranci*. La *rancidité* gît dans les principes qui vicient le corps; c'est la cause du mal. La *rancissure* est dans les parties viciées : c'est le produit du mal.

Rapiécer, rapiéceter, rapétasser.

Rapiécer, c'est tout simplement mettre des pièces ou remettre une pièce.

Rapiéceter, c'est remettre sans cesse de nouvelles pièces, ou mettre beaucoup de petites pièces.

Rapetasser, c'est mettre grossièrement de grosses pièces, et les entasser.

RAPPORT, ANALOGIE.

Les choses ont *rapport* l'une à l'autre par une sorte de liaison, soit de conséquence, soit d'hypothèse; de motif ou d'objet. Elles ont de l'*analogie* entre elles par une simple ressemblance dans l'usage ou dans la signification.

RAPPORT A, RAPPORT AVEC.

Une chose a *rapport à* une autre, quand l'une conduit à l'autre; ou parce qu'elle en dépend, ou parce qu'elle en vient, ou pour quelque autre raison. Une chose a *rapport avec* une autre chose, quand elle lui est proportionnée, conforme, semblable.

Ce que vous dites n'a aucun *rapport à* la question. Ces deux étoffes ont beaucoup de *rapport* l'une *avec* l'autre.

RASSURER, ASSURER QUELQU'UN.

Tranquilliser quelqu'un, calmer ses inquiétudes ou ses craintes, inspirer de la confiance; donner de l'assurance, mettre dans un état de sécurité.

C'est seulement en poésie qu'*assurer* se prend dans ce sens, et devient synonyme de *rassurer*.

Vous *assurez* celui qui n'est pas ferme ou résolu; qui n'a pas assez de force et de confiance ; qui n'est pas dans un état de sécurité.

Vous *rassurez* celui qui est abandonné à la crainte ou à la terreur ; qui est tout-à-fait hors de l'assiette naturelle ; qui ne peut être ramené et tranquillisé qu'avec beaucoup de soins, de secours, de reconfort. Le premier n'a pas toute l'énergie dont il a besoin : le second a perdu celle dont il éprouve la nécessité. La différence est du plus au moins.

Rassurer diffère donc d'*assurer* en ce qu'il marque la réitération, le doublement, le retour, le rétablissement de la chose dans son état, ou le redoublement d'action et d'efforts pour l'y ramener.

RAVAGER, DÉSOLER, DÉVASTER, SACCAGER.

L'idée rigoureuse de *ravager* est d'enlever, renverser, emporter, entraîner les productions et les biens par une action violente, subite, impétueuse.

Celle de *désoler* est de dissiper, chasser, exterminer, détruire la population jusqu'à faire d'une contrée une solitude, ou à la réduire à un sol nu par des attentats ou par des influences malignes, funestes et mortelles.

Celle de *dévaster* est de tout moissonner, renverser, écraser, détruire, dans une étendue plus ou moins vaste de pays, de manière à n'y laisser qu'un désert sans habitans et sans traces de culture, et cela avec une fureur sans frein, sans arrêt et sans bornes.

Celle de *saccager* est de livrer au carnage,

remplir

remplir de meurtres une ville, des lieux peuplés, avec une férocité armée d'instrumens de mort, de désolation, de destruction.

Les torrens, les flammes, les tempêtes *ravageront* les campagnes. La guerre, la peste, la famine *désoleront* un pays. Tous ce moyens terribles, la tyrannie fiscale sur-tout, des inondations de barbares, *dévasteront* un empire. Des soldats effrénés, des vainqueurs féroces, des barbares, *saccageront* une ville prise d'assaut.

RÉALISER, EFFECTUER, EXÉCUTER.

Accomplir ce qui avait été envisagé d'avance.

Réaliser, c'est accomplir ce que des apparences ont donné lieu d'espérer. Des espérances, des vues, des conjectures se *réalisent*.

Effectuer, c'est accomplir ce que des promesses formelles ont donné droit d'attendre. On *effectue* des promesses, des engagemens.

Exécuter, c'est accomplir une chose conformément au plan que l'on s'en est formé auparavant. On *exécute* un projet.

REBELLE, INSURGENT.

Ces deux mots s'appliquent à l'homme qui s'élève contre, qui s'oppose hautement.

L'insurgent fait une action légitime ou légale; et le *rebelle*, une action perverse et criminelle. Le premier use de son droit ou de sa liberté pour s'opposer à une résolution; ou s'élever contre une entreprise; le second abuse de sa liberté ou de ses moyens, pour s'opposer à l'exécution des lois, et s'élever contre l'autorité légitime.

L'*insurrection* a lieu contre l'oppression ; la *rebellion*, contre l'autorité ou ses dépositaires.

REBELLION, RÉVOLTE.

Rebellion marque la désobéissance et le soulèvement ; *révolte*, la défection et la perfidie. Le *rebelle* s'élève contre l'autorité qui le presse : le *révolté* s'est tourné contre la société à laquelle il était voué.

L'objet du *rebelle* est de se soustraire ou d'échapper à la puissance : l'objet du *révolté* est de renverser et détruire la puissance et les lois qu'il a reconnues. La *rebellion* secoue le joug ; la *révolte* le brise.

Un particulier fait *rebellion* à la justice, quand il s'oppose à l'exécution de ses décrets : mais lorsqu'un peuple en furie trouble, par une suite d'attentats, l'ordre essentiel de la société, il y a *révolte*.

RECEVOIR, ACCEPTER.

Recevoir, c'est prendre ce qu'on vous donne : *accepter*, c'est consentir à ce qu'on vous propose. *Recevoir* comporte, pour ainsi dire, une prise de possession de la chose, tandis qu'*accepter* n'exprime que le consentement ou l'agrément donné à la chose.

RECHIGNER, REFROGNER.

Rechigner marque de la répugnance, du dégoût, du mécontentement par un air rude et des grimaces repoussantes.

Refrogner ou *renfrogner*, c'est contracter ou plisser son front de manière à marquer de la rêverie, de l'humeur, de la tristesse.

Le *refrognement* est donc proprement sur le front ; le *rechignement* est plus sur la bouche.

Lorsqu'on fait une chose à contre-cœur, on *rechigne* pour manifester sa répugnance : lorsqu'on veut cacher la peine qu'on éprouve, on se *renfrogne* ; on concentre sa mauvaise humeur.

RECHUTE, RÉCIDIVE.

C'est l'action de retomber.

Par la *rechute*, on retombe dans un état funeste ; par la *récidive*, on retombe dans un mauvais cas. On fait une *rechute*, parce qu'on n'est pas assez ferme ou assez constant : on passe à la *récidive*, parce qu'on ne veut pas se corriger ou s'observer.

Rechute est un terme de médecine et de morale : un malade ou un pécheur fait une *rechute*. *Récidive* est un terme de jurisprudence et de lois pénales : un coupable, un délinquant fait une *récidive*.

RÉCLAMER, REVENDIQUER.

Réclamer, c'est appeler hautement ou à grands cris, protester ou revenir contre.

Revendiquer, c'est réclamer, répéter sa chose, son bien, sa propriété ; c'est *réclamer* la force, la vengeance, l'autorité, la justice, pour ravoir sa chose.

Vous *réclamez* à quelque titre que ce soit, et vous *réclamez* l'indulgence, l'amitié, la bienfaisance et les secours, comme la justice et vos droits. Vous *revendiquez* à titre de propriété, et en *réclamant* la justice et la force.

La *réclamation* est une demande, un appel. La *revendication* est une action, une poursuite.

Vous *réclamez* un effet perdu dont on ne connaît pas le maître ; vous *revendiquez* un effet volé qu'on ne veut pas vous rendre.

RÉCOLTER, RECUEILLIR.

Récolter, c'est *recueillir* des grains, des fruits, les productions de la terre qui sont sur pied, dans la saison de leur maturité, pour les serrer ou les arranger de manière à les conserver.

Recueillir, cueillir, amasser, mettre ensemble et avec choix, s'est dit proprement des fruits de la terre, et s'est appliqué ensuite à beaucoup d'autres objets disparates, une

succession, des suffrages, des nouvelles, des
des pensées, des débris.

On *récolte* ce qui se coupe, comme les
grains, les foins, les raisins, et en général
les grands objets de culture : on *recueille* ce
qui s'arrache, les fruits, les légumes, les racines, et autres objets moins importans.

On *récolte* du blé, des grains, des vins;
on *recueille* du sel, des laines, des soies.

Un pays *recueille* du blé, des vins, des
fourrages, pour marquer la nature de ses productions. Si vous voulez désigner particulièrement l'action de faire la *récolte*, vous direz :
les blés, les vins, les fourrages sont *récoltés*.

RECONNAISSANCE, GRATITUDE.

La *reconnaissance* est le souvenir, l'aveu
d'un service, d'un bienfait reçu : la *gratitude*
est le sentiment, le retour inspiré par un bienfait, par un service.

Il suffirait, ce semble, d'être juste pour
avoir de la *reconnaissance* : il faut être sensible pour avoir de la *gratitude*. Service pour
service, c'est la *reconnaissance* : sentiment
pour sentiment, c'est la *gratitude*.

Celui qui oublie les services est *méconnais-
sant* ; celui qui tâche de les oublier est *ingrat*.

RÉCRÉATION, AMUSEMENT, DIVERTISSEMENT, RÉJOUISSANCE.

Une idée de dissipation ou de plaisir fonde
la synonymie de ces quatre mots.

Récréation désigne un terme court de délassement : c'est un simple passe-temps pour distraire l'esprit de ses fatigues.

L'*amusement* est une occupation légère, de peu d'importance, et qui plaît.

Le *divertissement* est accompagné de plaisirs plus vifs, plus étendus.

La *réjouissance* se marque par des actions extérieures, des danses, des cris de joie, des acclamations de plusieurs personnes.

RECTITUDE, DROITURE.

La *rectitude* est la qualité physique d'une chose *droite*. Ce mot désigne la juste direction, le vrai sens, l'ordre parfait, la parfaite régularité, l'exacte ordonnance des choses physiques, soit de la nature, soit de l'art. Des objets physiques il a naturellement passé aux objets métaphysiques ou intellectuels ; et on dit la *rectitude* du jugement, comme la *rectitude* d'une ligne.

La *droiture* est une qualité morale : *droiture* ne se dit proprement que de l'ame, pour marquer la probité, la bonne-foi, des vues honnêtes et pures ; et si ce mot s'applique à l'esprit, c'est seulement par rapport à la probité, et non à l'égard de l'intelligence.

La *rectitude* du jugement sera dans sa justesse, et sa *droiture* dans sa justice. La *rectitude* est d'un bon esprit ; et la *droiture*, d'un cœur honnête.

Recueil, collection.

Recueil signifie rigoureusement l'amas des choses *recueillies*. *Collection* exprime proprement l'action de rassembler plusieurs choses. C'est par la *collection* que vous formez le *recueil*. *Recueil* ne marque pas l'action de *recueillir* : *collection* désigne les choses mêmes rassemblées.

Le *recueil* n'est pas une simple *collection* : les choses que la *collection* met ensemble, le *recueil* les unit, les lie, les resserre plus étroitement. La *collection* forme un amas, un assemblage : le *recueil* forme un corps ou un tout. D'un *recueil* de pensées vous faites un livre : avec une *collection* de livres, vous composez une bibliothèque. Ce *recueil* est un ouvrage particulier : cette *collection* n'est qu'un assemblage de choses.

On appelle plutôt *recueil* une petite *collection* ; et *collection*, un grand *recueil*.

Vous faites un *recueil* de choses d'élite ; il faut pour cela de la réflexion, des recherches, des soins. Vous faites une *collection* de tout ce qui se présente sur un sujet traité par divers auteurs, ou sur divers sujets traités par la même : il faut pour cela du savoir, de la patience et des bibliothèques.

Reculer, rétrograder.

Aller en arrière.

Reculer suppose uniquement une direction

contraire à la direction ordinaire et naturelle de la marche. *Rétrograder* suppose déjà une marche avancée, suivie d'un mouvement contraire. Le *canon*, au moment de son explosion, *recule* et ne *rétrograde* pas.

Reculer est le mot vulgaire. Les hommes, les animaux, les voitures *reculent*. Les écrevisses vont à *reculon*.

Rétrograder appartient sur-tout à la géométrie et à la physique. Certaines planètes *rétrogradent*.

Réformation, réforme.

La *réformation* est l'action de réformer; la *réforme* en est l'effet.

L'idée commune à ces deux mots est celle d'un rétablissement dans l'ancienne forme, ou dans une meilleur forme. La *réformation* est l'opération qui procure ce rétablissement; la *réforme* en est le résultat, ou le rétablissement même.

Regarder, concerner, toucher.

Il y a entre ces trois expressions une différence délicate qui vient d'abord d'un ordre de gradation, de sorte que l'une enchérit sur l'autre dans le rang qu'on leur a donné ici.

Quand nous ne prenons qu'une légère part à la chose, nous disons qu'elle nous *regarde*; mais il en faut prendre davantage, pour dire qu'elle nous *concerne* : lorsqu'elle nous est plus sensible et personnelle, nous disons qu'elle nous *touche*.

Regarder est mieux placé lorsqu'il est question de choses sur lesquelles on a des prétentions ou des démêlés d'intérêt. *Concerner* s'emploie avec plus de grâce, lorsqu'il s'agit de choses commises au soin et à la conduite. *Toucher* se trouve mieux placé dans les affaires du cœur, d'honneur et de la fortune.

Beaucoup de gens s'inquiètent mal à propos de ce qui ne les *regarde* pas, se mêlent de ce qui ne les *concerne* point, et négligent ce qui les *touche* de près.

RÉGIE, DIRECTION, ADMINISTRATION, CONDUITE, GOUVERNEMENT.

La *régie* regarde uniquement des biens confiés aux soins de quelqu'un pour les faire valoir au profit de celui à qui ils appartiennent, et desquels on doit rendre compte de clerc à à maître.

La *direction* est pour certaines affaires où il y a distribution, soit de finances, soit d'occupation, et auxquelles on est commis pour y maintenir l'ordre convenable.

L'*administration* a des objets d'une plus grande conséquence, tels que la justice ou les finances d'un état ; elle donne du pouvoir, du crédit, et une sorte de liberté dans le département dont on est chargé.

La *conduite* désigne quelque sagesse et quelque habileté à l'égard des choses, et une subordination à l'égard des personnes.

Le *gouvernement* résulte de l'autorité et de la dépendance ; il indique une supériorité de place sur des inférieurs, et a un rapport particulier à la politique.

RÉGION, CONTRÉE, PAYS.

Ces trois mots servent à désigner les grandes divisions de la terre.

Région s'étend aux différentes parties de l'univers, et s'emploie sur-tout quand on les considère sous le rapport des différentes influences auxquelles les soumet leur situation.

Les *contrées* paraissent se distinguer surtout par l'aspect, soit naturel, soit artificiel, et les divisions naturelles des diverses parties du globe.

Le mot *pays* indique jusqu'à une certaine dimension les différens genres de division dont la terre est susceptible.

La *contrée* embrasse de plus vastes espaces, et le *pays* se soumet à de plus petites subdivisions. L'Europe est une *contrée* et non pas un *pays*. La France est un *pays* ; une province est un *pays*. Pour un paysan, son village est son *pays*. La *région* n'a rien qui détermine son étendue relative. La *région* du tropique embrasse d'immenses *contrées*.

On dit *région* éthérée, *région* brûlante, *région* glacée : *contrée* triste ou riante, aride ou fertile, sauvage ou bien cultivée : beau *pays*, joli *pays*; *pays* riche, heureux; les usages, les mœurs, les magistrats, l'esprit du *pays*.

RÈGLE, MODÈLE.

L'un et l'autre dirigent, mais en diverses manières.

La *règle* prescrit ce qu'il faut faire; le *modèle* le montre tout fait : on doit suivre l'une et imiter l'autre.

La *règle* parle à l'esprit, elle l'éclaire; mais elle est froide et sans force. Le *modèle* échauffe l'ame, la met en mouvement, fait disparaître toutes les difficultés, anéantit tous les prétextes. L'une est, pour ainsi dire, de pure théorie; l'autre est de pratique.

RÈGLE, RÈGLEMENT.

La *règle* regarde proprement les choses qu'on doit faire; et le *règlement*, la manière dont on les doit faire.

On se soumet à la *règle*; on se conforme au *règlement*.

RÉGLÉ, RANGÉ.

On est *réglé* par ses mœurs et par sa conduite. On est *rangé* dans ses affaires et dans ses occupations.

L'homme *réglé* ménage sa réputation et sa personne : il a de la modération; il ne fait point d'excès. L'homme *rangé* ménage son temps et son bien : il a de l'ordre, et ne fait point de dissipations.

RÉGLÉ, RÉGULIER.

Ces deux adjectifs marquent un rapport aux règles.

Ce qui est *réglé* est assujetti à une règle quelconque, uniforme ou variable, bonne ou mauvaise. Ce qui est *régulier* est conforme à une règle uniforme et louable.

Le mouvement de la lune est *réglé*, puisqu'il est soumis à des retours périodiques égaux ; mais il n'est pas *régulier*, parce qu'il n'est pas uniforme dans la même période.

En parlant de la vie, de la conduite, des mœurs, le mot *réglé* dit autre chose que celui de *régulier*.

Une vie *réglée*, au physique, c'est une vie assujettie à une règle suggérée par des vues de santé ou d'économie : au moral, c'est une vie extérieurement conforme aux règles de morale que le monde même exige ; mais une vie *régulière* est conforme aux principes de la morale et aux maximes de la religion. C'est à peu près la même différence en parlant de la conduite et des mœurs.

Hors de la morale, ce qui est *réglé* était originairement libre, et n'est soumis à une *règle* que par un choix libre ou par convention : c'est ainsi qu'il faut l'entendre d'une dispute *réglée*, d'un ordinaire *réglé*, d'un commerce *réglé*, d'une correspondance *ré-*

glée. Mais tout ce qui est *régulier* doit être conforme à la règle, et tend au vicieux dès qu'il s'y soustrait : tels sont un bâtiment, un discours, un poème, une construction, une procédure, etc.

Réglément, régulièrement.

Quand on ne veut marquer que la persévérance à faire toujours de la même manière, ces deux adverbes sont synonymes, et se prennent indifféremment l'un pour l'autre : ainsi, l'on peut dire d'un homme de cabinet qu'il étudie *réglément* ou *régulièrement* huit heures par jour; que tous les jours il se lève *réglément* ou *régulièrement* à cinq heures.

Mais il y a des circonstances où l'on ne doit pas prendre l'un pour l'autre. *Réglément* veut dire alors d'une manière égale, que l'on peut regarder comme règle : *régulièrement* veut dire d'une manière conforme à une règle réelle, ou aux règles en général.

Réglément indique de la précision, et suppose de la sagesse et de l'ordre. *Régulièrement* désigne de l'attention, et suppose de la soumission et de l'obéissance.

Vivre *réglément* est un moyen assuré de ménager sa bourse et sa santé. Vivre *régulièrement* est le moyen efficace d'assurer son bonheur.

Relâche, relâchement.

Interruption, intermission, discontinuation d'un premier état.

Relâche se prend toujours en bonne part : c'est la discontinuation de quelque exercice pénible, soit pour le corps, soit pour l'esprit.

Relâchement, employé seul, se prend souvent en mauvaise part : c'est la diminution de l'activité dans le travail ou dans quelque exercice, ou de la régularité dans ce qui concerne les mœurs, la discipline, le devoir.

Le *relâche* est une cessation de travail ; on en prend quand on est las ; il sert à réparer les forces. Le *relâchement*, au moral, est une cessation d'austérité ou de zèle : on y tombe quand la ferveur diminue.

RELEVÉ, SUBLIME.

On ne prend ici ces deux mots que dans le sens où ils s'appliquent au discours.

Relevé a plus de rapport à la science et à la nature des choses qu'on traite. *Sublime* en a davantage à l'esprit, et à la manière dont on traite les choses.

Des mots recherchés, joints à des raisonnemens profonds et métaphysiques, forment le style *relevé*. Des expressions également justes et brillantes, jointes à des pensées vraies, finement et noblement tournées, font le style *sublime*.

RELIGION, DÉVOTION, PIÉTÉ.

La *religion* est une disposition du cœur qui fait qu'on ne manque point à ce qu'on doit à l'Être suprême.

La *piété* fait qu'on s'en acquitte avec plus de respect et plus de zèle.

La *dévotion* ajoute un extérieur plus composé.

La *religion* est plus dans le cœur qu'elle ne paraît au dehors. La *piété* est dans le cœur et paraît au dehors. La *dévotion* paraît quelquefois au dehors sans être dans le cœur.

Où il n'y a point de probité, il n'y a point de *religion*. Qui manque de respect pour les temples, manque de *piété*. Point de *dévotion* sans attachement au culte des autels.

Remarquer, observer.

On *remarque* les choses par attention pour s'en ressouvenir. On les *observe* par examen pour en juger.

Le général doit *remarquer* ceux qui se distinguent dans ses troupes, et *observer* les mouvemens de l'ennemi.

Remède, médicament.

Le *remède* est ce qui guérit, ce qui rend la santé, ce qui remet en bon état.

Le *médicament* est ce qui est préparé et administré, ce qui est employé comme *remède*, ce qui est pris ou appliqué pour guérir.

Le *remède* guérit le mal; le *médicament* est un traitement appliqué au malade.

Tout ce qui contribue à guérir est *remède;*

toute matière, toute mixtion préparée pour
servir de *remède*, est *médicament*. La diète,
l'exercice, l'eau, le lait, la saignée, sont des
remèdes; et non des *médicamens*.

RÉMINISCENCE, RESSOUVENIR, SOUVENIR, MÉMOIRE.

C'est l'attention renouvelée de l'esprit à des
idées qu'il a déjà aperçues.

La *mémoire* est proprement l'esprit, l'intelligence qui retient, qui garde : c'est un acte
quelconque de cette faculté qui nous rappelle
nos idées. Toute idée rappelée à l'esprit est
la *mémoire* de la chose; comme toute idée
retenue dans l'esprit est un dépôt de la *mémoire*.

Le *souvenir* est ce qui revient dans l'esprit.

Le *ressouvenir* est un *souvenir nouveau* ou
renouvelé.

Le *souvenir* pur est plutôt d'une chose plus
ou moins présente à l'esprit, plus ou moins
facile à rappeler, plus ou moins fidèlement
représentée : le *ressouvenir* est plutôt d'une
chose plus ou moins oubliée, plus ou moins
difficile à retrouver, plus ou moins impar-
faitement retracée. Le *souvenir* est d'une *mémoire* fraîche; le *ressouvenir*, d'une *mémoire* caduque.

La *réminiscence* est le *souvenir* des choses
qui n'ont fait qu'une impression si faible, ou
dont l'impression a été si fort effacée, qu'à

peine est-il possible d'en retrouver ou d'en reconnaître les traces.

La *mémoire* est la faculté intellectuelle qui rappelle nos idées, ou une action de cette faculté : elle embrasse, comme le *souvenir*, tout ce dont on se souvient, tout ce dont on a conservé la *mémoire*. Le *souvenir*, ainsi que le *ressouvenir*, n'est que l'action de la *mémoire* : l'un est l'idée d'une chose qui, détournée de notre attention, nous redevient présente par la *mémoire* ; l'autre est le *souvenir* renouvelé d'une chose plus ou moins éloignée de notre esprit, souvent oubliée, souvent rappelée, et difficile soit à retrouver, soit à reconnaître. La *réminiscence* est le plus léger et le plus faible des *souvenirs*.

RÉMISSION, ABOLITION, ABSOLUTION, PARDON, GRÂCE.

La *rémission* est un désistement de la peine qu'on a droit d'exiger de quelqu'un. On *remet* une peine, une dette dont on fait *grâce*.

L'*abolition* détruit, efface, anéantit le crime, comme si la chose était nulle ou non-avenue : elle soustrait le coupable à la justice, et le fait jouir des droits de l'innocence.

L'*absolution* délie l'accusé, ou le délivre des liens par lesquels il était enchaîné ; elle le rétablit dans son innocence et dans la jouissance de sa liberté et de ses droits.

Le *pardon* fait la *rémission* entière de la

faute qu'on a droit de punir, ou de l'offense qu'on a ressentie, comme si on l'oubliait et s'il n'en restait aucune trace : il fait cesser la division entre l'offenseur et l'offensé, ou ramène l'inférieur dans les bras du supérieur.

La *grâce* accorde un *pardon* purement gratuit ; c'est un acte de clémence et de bonté qui remet le coupable en *grâce*, en faveur.

RENAISSANCE, RÉGÉNÉRATION.

Nouvelle existence.

Renaissance, usité seulement au figuré, se dit du renouvellement d'une chose, comme si, après avoir cessé, elle naissait une seconde fois. La *renaissance* des lettres.

Régénération s'emploie au propre et au figuré. Au propre, il signifie, en médecine et en chirurgie, la reproduction de la substance perdue. La *régénération* des os, des chairs. Au figuré, il marque une nouvelle vie, un changement total en bien, une manière d'être, d'exister tout-à-fait différente. La *régénération* des mœurs.

RENCONTRER, TROUVER.

Vous *rencontrez* une chose dans votre chemin, en chemin faisant, et vous la *trouvez* à sa place, où elle est.

La personne que vous allez voir chez elle, vous ne l'y *rencontrez* pas, vous l'y *trouvez*; vous la *rencontreriez* dans les rues.

Le moyen de *rencontrer* est d'aller au devant, ou *contre*, à l'encontre. Le moyen de *trouver*, c'est de chercher ; mais on *trouve* en ne cherchant pas, comme en cherchant : il y a toujours quelque hasard à *rencontrer*.

Rendre, remettre, restituer.

Nous *rendons* ce qu'on nous avait prêté ou donné. Nous *remettons* ce que nous avons en gage ou en dépôt. Nous *restituons* ce que nous avons pris ou volé.

Renoncer, renier, abjurer.

On *renonce* à des maximes et à des usages qu'on ne veut plus suivre, ou à des prétentions dont on se désiste. On *renie* le maître qu'on sert, ou la religion qu'on avait embrassée. On *abjure* l'erreur dans laquelle on s'était publiquement engagé.

Abjurer se dit toujours en bonne part : c'est l'amour de la vérité et l'aversion du faux qui nous engagent à faire *abjuration*.

Renier s'emploie toujours en mauvaise part.

Renoncer se dit tantôt en bien, tantôt en mal.

Renonciation, renoncement.

Deux actes volontaires, dont l'effet est la désappropriation.

Renonciation est un terme d'affaires et de jurisprudence : c'est l'abandon volontaire des droits que l'on avait ou que l'on prétendait avoir sur quelque chose. ;

Renoncement est un terme de morale et de religion : c'est le détachement des choses de ce monde et de l'amour-propre. Le *renonce- ment* de soi-même.

RENTE, REVENU.

Recette annuellement renouvelée.

La *rente* est ce qu'on vous *rend*, ce qu'on vous paye annuellement, comme prix ou in- térêt d'un fonds ou d'un capital aliéné ou cédé.

Le *revenu* est ce qui *revient*, ce qui est annuellement reproduit à votre profit, comme fruit de votre propriété et de vos avances pro- ductives.

La terre ne vous donne pas une *rente*, mais elle vous donne un *revenu* par ses productions annuellement renaissantes. On vous paye une *rente* ; vous recueillez un *revenu*.

On dit aussi le *revenu* d'une charge, d'une place, d'un emploi. Le mot *émolumens* serait ici beaucoup mieux placé.

RÉPONSE, RÉPLIQUE, REPARTIE.

La *réponse* se fait à une demande ou à une question. La *réplique* se fait à une *réponse* ou à une remontrance. La *repartie* se fait à une raillerie ou à un discours offensant.

Réponse a une signification très-étendue :

on *répond* à des questions, ou à des demandes,
quelles qu'elles soient, et de quelque part
qu'elles viennent; on *répond* à des argumens,
à des lettres, à des difficultés.

Réplique a un sens plus restreint; il suppose une dispute commencée à l'occasion
d'opinions diverses, de sentimens différens,
d'intérêts ou de partis opposés : on *réplique*
à la *réponse* d'un auteur qu'on a critiqué, ou
aux écritures de l'avocat de la partie adverse.

Repartie a une énergie particulière pour
faire naître l'idée d'une apostrophe personnelle contre laquelle on se défend, soit sur le
même ton, en apostrophant aussi de son côté,
soit sur un ton plus honnête, en émoussant
seulement les traits qu'on nous lance.

La *réponse* doit être claire et juste; la
réplique, forte et convaincante; la *repartie*,
vive et prompte.

REPRÉSENTER, REMONTRER.

Représenter signifie exposer, mettre sous
les yeux de quelqu'un, avec douceur ou modestie, des motifs ou des raisons pour l'engager à changer d'opinion, de dessein, de
conduite.

Remontrer signifie exposer, retracer aux
yeux de quelqu'un, avec plus ou moins de
force, ses devoirs et ses obligations, pour le
détourner ou le ramener d'une faute, d'une
erreur, de ses écarts.

La *représentation* porte instruction; avis,

conseil : la *remontrance* porte instruction, avertissement, censure ou répréhension honnête : celle-ci suppose un tort, une action mauvaise, un acte répréhensible ; la *représentation* n'exige absolument qu'un danger, un inconvénient, un mal à craindre.

On *représente* également à ses inférieurs, à ses égaux, à ses supérieurs ; on *remontre* sur-tout à ses inférieurs, à ses égaux aussi, même à ses supérieurs, mais avec les égards et les respects d'une humble supplication.

RÉSERVE, MODESTIE, DÉCENCE, RETENUE, PUDEUR.

La *réserve* évite de s'avancer. La *modestie* ne cherche pas à se montrer. La *retenue* ne se laisse voir qu'à demi. La *décence* rougirait de paraître dans un état peu convenable. La *pudeur* rougit, même en se cachant.

La *modestie* craint qu'on ne la remarque ; la *réserve* craint qu'on ne l'approche ; la *retenue* craint de se livrer ; la *décence* craint de s'exposer trop à découvert ; la *pudeur* craint de rougir, et rougit de cette seule crainte.

Le sentiment de honte qui domine dans la *pudeur* est irréfléchi, involontaire ; c'est un don de la nature. Le sentiment de convenance qui domine dans la *décence* tient au respect que l'on a pour soi-même et pour les autres ; c'est le fruit de l'éducation. La *retenue* est le résultat de la réflexion qui apprend à réprimer ses mouvemens, et de la modération, qui en donne les moyens. La *modestie* est la défiance de soi-même; elle tient au caractère. La *réserve* est le manque de confiance dans les autres; elle est quelquefois commandée par les circonstances.

Une femme vertueuse et *modeste*, franche et *réservée*, sans y être forcée et sans savoir pourquoi, *décente* sans affectation, pleine à la fois de *pudeur* et de *naïveté*, est ce qu'il y a de plus parfait et de plus aimable sur la terre.

RÉSIDENCE, DOMICILE, DEMEURE.

La *résidence* est la demeure habituelle et fixe; le *domicile*, la demeure légale et reconnue par la loi; la *demeure*, le lieu où vous êtes établi dans le dessein d'y rester, ou même le lieu où vous logez.

On peut avoir à la fois plusieurs *résidences* et plusieurs *domiciles*; on n'a qu'une *demeure* dans le même temps : elle est la où l'on *demeure*, où l'on se trouve actuellement logé.

RESPIRER, SOUPIRER APRÈS.

Ce que nous *respirons*, c'est ce qui nous anime, c'est ce que nous attirons et répandons sans cesse, c'est ce qui meut toutes nos facultés, c'est notre vie. *Respirer la chose* marque figurément le désir, l'ardeur, la passion dont le cœur est si plein , qu'il semble l'exhaler , ou par une respiration forte, ou par des *soupirs* répétés. La *respiration* forte marque la force du désir ; et le *soupir* exprime la peine du cœur. *Respirer* annonce donc un désir plus ardent et plus énergique ; et *soupirer*, un désir plus tendre et plus touchant.

La colère, la vengeance, la férocité, ne *respirent* que la destruction et le crime ; elles ne *soupirent* pas ces passions fougueuses. Des passions douces et timides *soupirent* pour leur objet, plutôt qu'elles ne le *respirent*.

Soupirer marque aussi l'intérêt tendre et la sensibilité touchante. Une bonne mère, entourée de ses enfans, ne *respire* que leur félicité. Une mère tendre éloignée de son fils bien-aimé, ne *soupire* que pour son retour.

Ainsi, *respirer après* marque un désir plus vif, plus impatient, plus empressé ; et *soupirer après* marque un désir ou un regret plus inquiet, plus triste, plus affectueux.

Le malade dont le courage renaît avec les forces, ne *respire* qu'*après* la santé : un malade trop débile encore, et abattu, ne fait que *soupirer après* elle.

RESSEMBLANCE , CONFORMITÉ.

Existence des mêmes qualités dans plusieurs sujets différens.

Plus il y a de *ressemblance* entre deux objets,

objets, plus ils approchent de la *conformité*; ainsi, la *conformité* est une *ressemblance* parfaite.

La *ressemblance* est susceptible de plus et de moins. Mais la *conformité* étant une *ressemblance* parfaite, ce mot se construit moins souvent avec les adjectifs ou les adverbes qui expriment la quantité.

Ressemblance se dit sur-tout des objets physiques; *conformité* ne s'applique guère qu'aux objets intellectuels.

Ressemblant, semblable.

Deux objets *ressemblans* ont la même apparence, la même forme, la même figure, les mêmes rapports sensibles. Deux objets *semblables* sont seulement propres à être comparés, dignes d'être assimilés, faits pour aller ensemble ou de pair, à cause des rapports communs qu'ils ont également.

Les objets qui se *ressemblent* semblent faits sur le même modèle, jetés dans le même moule, formés sur le même dessein, copiés l'un sur l'autre; tandis qu'il suffit de certaines apparences, de quelques traits marqués, de divers rapports sensibles, pour que cette sorte de conformité imparfaite rende des objets *semblables* ou comparables.

Deux portraits *ressemblans* rendent bien la figure. Deux portraits *semblables* ont de la conformité l'un avec l'autre.

Un homme et un autre homme sont deux

êtres *semblables*, qui peuvent n'être pas *ressemblans*. On dit d'un vaillant soldat, *semblable* à un lion, quoiqu'il ne *ressemble* pas à cet animal.

Le mot *ressemblant* désigne plutôt une *ressemblance* physique de figure, de forme, d'ordonnance, d'ensemble, qui frappe les yeux de la même manière. *Semblable* désigne également les rapports métaphysiques, moraux, géométriques, la propriété uniforme ou commune de tout genre.

RÉTABLIR, RESTAURER, RÉPARER.

Refaire, renouveler, mettre de nouveau en état.

Rétablir, c'est mettre de nouveau sur pied, remettre une chose en état, en bon état, dans son premier état : on *rétablit* ce qui est renversé, ruiné, détruit.

Restaurer, c'est remettre à neuf, restituer une chose dans son intégrité, dans sa force, dans son état : on *restaure* ce qui est dégradé, défiguré, déchu.

Réparer, c'est raccommoder, redonner à une chose sa forme, sa première apparence, son ancien aspect : on *répare* ce qui est gâté, endommagé, détérioré.

On *rétablit* un édifice ruiné, des fortifications détruites ; on *rétablit* un article oublié dans un compte : le *rétablissement* remet les choses sur pied et en état. On *restaure* un bâtiment qui dépérit, de vieux tableaux, une statue mutilée : la *restauration* remet les choses comme à neuf et dans leur intégrité. On *répare* une maison négligée, une brèche faite à un mur. La *réparation* remet les choses comme elles étaient dans les parties qui avaient souffert de l'altération.

Au figuré, on *rétablit* ce qui avait perdu son existence, son influence, son action, comme une loi abolie, un usage abandonné, un droit supprimé. On *restaure* tout ce qui, susceptible de variation, a beaucoup perdu de sa force, de sa vigueur, de son activité, de son éclat, comme une province épuisée, un commerce languissant, les lettres tombées en décadence, les forces physiques affaiblies. On *répare* tout ce qui a donné atteinte à l'état naturel des choses, à leur perfection, à l'ordre établi: ses fautes, les torts qu'on a faits, les dommages causés, les préjudices portés.

RETENUE, MODESTIE.

On est *retenu* dans ses paroles et dans ses actions: le trop de liberté qu'on s'y donne est le défaut contraire. On est *modeste* dans ses desirs, dans ses airs, dans ses postures et dans son habillement; ce qui fait trois genres de *modestie*, par rapport au cœur, à l'esprit et au corps. Le vice opposé à la *modestie* de l'esprit, est la vanité; l'*immodestie* est proprement le vice opposé à la *modestie* qui regarde le corps; le vice contraire à la *modestie* du cœur, est une ambition démesurée.

Rétif, rebours, revêche, récalcitrant.

Le *rétif* reste à la même place ; il refuse d'avancer ; il se roidit et se cabre. Cette épithète s'applique proprement aux chevaux et aux autres animaux qui servent de monture ou qui sont employés à tirer.

Le *rebours*, hérissé contre vous, ne donne aucune prise : qui s'y frotte, s'y pique.

Le *revêche* vous rebute et vous repousse.

Le *récalcitrant* se débat et se défend.

Le *rétif* est fantasque, indocile, têtu. Le *rebours* est farouche, morose, intraitable. Le *revêche* est aigre, difficile, entier. Le *récalcitrant* est volontaire, colère, indisciplinable.

Rebours est un mot très-négligé, et abandonné à la conversation familière. *Récalcitrant* n'est que du discours familier et plaisant.

Rêve, rêverie.

La *rêverie* est un genre de *rêve* ; et ce genre est celui des *rêves* qui obsèdent l'esprit, et qui n'en sont que plus dépourvus de raison.

Le *rêve* est d'un homme *rêvant* ; la *rêverie* est d'un *rêveur*. La *rêverie* est le résultat du *rêve*.

Le *rêve* est l'imagination qu'on a ; il fait voir un objet comme présent. La *rêverie* est le *rêve* dont on se repaît ; elle ferait croire que l'objet est réel.

La *rêverie*, prise d'une manière absolue, est une situation de l'ame qui s'abandonne doucement, et se livre enfin toute entière à ses pensées, à ses imaginations, à ses réflexions.

Rêve, songe.

Le *songe* n'a lieu que pendant le sommeil. Le *rêve* est de la veille, comme du sommeil. L'homme éveillé fait des *rêves*; on ne dira pas qu'il fait des *songes*.

Nous disons des *rêves* plutôt que des *songes* politiques. Les chimères, les imaginations, les idées fantastiques d'un visionnaire, ressemblent assez à des *songes*; mais elles ne sont que des *rêves*.

Les *rêves* faits en dormant diffèrent des *songes* en ce qu'ils sont plus vagues, plus étranges, plus incohérens, n'ont aucune apparence de raison, et ne laissent guère de trace, parce qu'ils n'ont guère de suite; tandis que les *songes*, plus frappés, plus sentis, plus liés, plus séduisans, semblent avoir une apparence de raison, et laissent dans le cerveau des traces plus profondes. Avec le sommeil, le *rêve* passe; le *songe* reste après le sommeil. Il semble que le *songe* soit plutôt d'un esprit préoccupé, et le *rêve* d'une imagination exaltée.

Le *songe* est donc plus spécieux et plus imposant que le *rêve*, et celui-ci plus bizarre et plus extravagant que le *songe*.

Au figuré, nous disons d'une chose ridicule

K 5

ou invraisemblable, que c'est un *rêve*, une fable, une chimère. Nous disons d'une chose fugitive, vaine, illusoire, d'une chose qui n'a ni solidité ni durée, quoique réelle, que c'est un *songe*. Nos projets sont des *rêves*, et la vie est un *songe*.

REVENIR, RETOURNER.

On *revient* au lieu d'où l'on était parti : on *retourne* au lieu où l'on était allé.

RÉUSSITE, SUCCÈS, ISSUE.

La *réussite* est le *succès* final, une *issue* prospère. Il y a de bonnes et de mauvaises *issues*, comme de bons et de mauvais *succès*; mais la *réussite* est heureuse. *Issue* ne désigne en aucune manière le dénouement. *Succès*, dans un sens absolu, désigne aussi quelquefois une bonne *issue*, comme dans cette phrase: le *succès* a été prompt et complet.

L'*issue* est la fin propre de la chose: l'entreprise a une *issue*; mais la personne n'en a pas. Le *succès* est ou le moyen ou la fin des personnes et de leurs actions : les personnes, leurs efforts, leurs entreprises, ont également du *succès*, des *succès*, un bon ou un mauvais *succès*. La *réussite* est la fin des choses et le but des personnes : l'objet de la personne est la *réussite* d'une affaire.

Réussite est un terme simple et modeste. *Succès* s'applique à toutes sortes d'objets et de choses. *Issue*, au figuré, sied bien dans le style noble, et ne désigne que les *succès* bons ou mauvais : il s'emploie à l'égard des affaires, des entreprises difficiles, compliquées, embarrassées, périlleuses.

RICHESSE, OPULENCE, ABONDANCE.

La *richesse* est l'*abondance* des biens. L'*opulence* est la réunion des jouissances que la *richesse* peut procurer. L'*abondance* n'est richesse que par les avantages qu'on en tire; la *richesse* ne devient *opulence* que lorsqu'on se donne les jouissances qu'elle peut fournir.

L'*abondance* ne désigne que le nombre des moyens de jouissance, que l'on ait ou non la faculté d'en jouir. La *richesse* indique positivement que l'on a la faculté d'en jouir. L'*opulence* indique l'exercice de cette faculté.

Un pays *abondant* est celui où la terre produit en *abondance* les choses nécessaires à la vie : la *richesse* d'un pays peut s'entendre également et de la fertilité du sol et de la *richesse* des habitans : un pays *opulent* est celui où les hommes jouissent de toutes les ressources et de toutes les commodités de la *richesse*.

RICHESSES, BIENS, REVENUS.

Termes de science économique.

Les *biens* sont les propriétés productives, et ce qu'on appelle les immeubles. Les *richesses* rappellent l'idée de tout ce qui est produit par l'industrie, et a une valeur commerçable. Les *revenus* sont la partie disponible de ces mêmes *richesses*, et qui excède celle qui est nécessairement consacrée à solder tous les divers moyens d'opérer la reproduction.

RIDICULE, RISIBLE.

Ridicule, qui doit exciter la risée, qui l'excite. *Risible*, qui est propre à exciter le rire, qui l'excite. La *risée* est un rire éclatant, long, méprisant et moqueur. On *rit* de ce qui est *risible* ; on se *rit* de ce qui est *ridicule*. *Risible* se prend en bonne et en mauvaise part ; *ridicule* ne se prend qu'en mauvaise part.

Un objet est *ridicule* par un contraste frappant entre la manière dont il est et celle dont il doit être, selon le modéle donné, la régle, les bienséances, les convenances. Un objet est *risible* par quelque chose de plaisant et de piquant qui vous cause une surprise et une joie assez vives pour se manifester par des signes extérieurs et indélibérés. Un travers d'esprit vous rendrait *ridicule* ; une singularité comique vous rendra *risible*.

Un homme sage, c'est souvent celui que les fous à la mode trouvent fort *ridicule*. Un discours sensé, ce sera très-souvent celui que les sots trouveront fort *risible*.

Risible, pris en mauvaise part, dit beaucoup moins que *ridicule*. On *rit* de la chose *risible* ; c'est un plaisir. On *rit* avec éclat de la chose *ridicule*, et tout le monde en rit ; c'est une joie.

Roc, roche, rocher.

Le *roc* est une masse de pierre très-dure, enracinée dans la terre, et ordinairement élevée au-dessus de sa surface. Ce mot simple est le genre à l'égard de la *roche* et du *rocher*.

La *roche* est un *roc* isolé, d'une grosseur et d'une grandeur considérable, comme aussi un bloc ou un fragment détaché du *rocher*.

Le *rocher* est un *roc* très-élevé, très-haut, très-escarpé, scabreux, raide, hérissé de pointes, et terminé en pointe.

Roc désigne proprement la nature de la pierre, une pierre très-dure : il est difficile de tailler dans le *roc* vif.

L'idée de *force* est particulièrement dominante dans le *rocher*. C'est un écueil : on se brise contre un *rocher*. Le *rocher* est inébranlable, et un cœur de *rocher* est insensible.

Roche présente l'idée de masse, d'élévation et d'étendue, mais sans aspérités insurmontables.

On dit un banc de *roche*, un banc de *rocher*, pour exprimer la continuité, l'étendue des écueils ; mais on ne dit pas un banc de *roc* : s'il est isolé, il a son expression particulière ; c'est un *récif*.

ROGUE, ARROGANT, FIER, DÉDAIGNEUX.

Vous reconnaissez l'homme *rogue* à sa hauteur, à sa raideur, à sa morgue ; l'*arrogant* à sa morgue, à ses manières hautaines, à ses prétentions hardies ; le *fier*, à sa hauteur, à sa confiance dans ses forces, au cas qu'il fait de lui ; le *dédaigneux*, à sa hauteur, à son affectation de dignité, au grand mépris qu'il témoigne pour les autres.

Le *rogue* laisse tomber sur vous ses regards. L'*arrogant* lance sur vous ses regards impérieux. Le *fier* ne daigne pas tourner vers vous ses regards. Le *dédaigneux* promène tout autour de lui ses regards insolens.

La mine *rogue* fait rire ; les airs *arrogans* font hausser les épaules ; la contenance *fière* fait fuir tout le monde ; l'air *dédaigneux* fait pitié.

ROI, MONARQUE, PRINCE, POTENTAT, EMPEREUR.

Roi désigne la fonction ou l'office ; cet office est de diriger, de conduire.

Monarque désigne le genre de gouvernement : ce genre est la monarchie, le gouvernement d'un seul.

Potentat désigne la puissance : cette puissance est la réunion des forces d'un grand État.

Prince désigne le rang ; ce rang est le premier, ou celui de chef.

Empereur désigne la charge ou l'autorité; cette autorité est le droit de commander.

Un *roi* n'est point *monarque*, si les pouvoirs politiques sont partagés. Un *monarque* n'est guère appelé, dans le style vulgaire, un *potentat*, s'il n'a une grande puissance relative. Le peuple est le *prince* dans la démocratie, comme l'est, dans une monarchie, le *roi*. L'*empereur* est un grand *potentat* par sa vaste domination, ou un grand *prince* par sa vaste suprématie.

Roi, *prince*, *empereur*, sont des titres de dignités affectés à différens chefs; *monarque* et *potentat* ne sont que des qualifications tirées du gouvernement et de la puissance.

Prince n'est quelquefois qu'un titre d'honneur, sans autorité, comme fut jadis le titre de *roi*.

RAIDE, RIGIDE, RIGOUREUX.

Au figuré, ces épithètes attribuent aux personnes un mélange de sévérité, de fermeté, de dureté, de rudesse.

La *raideur* est une forte tension; elle suppose de la dureté; mais la dureté caractérise proprement la *rigidité*. Le mot *rigueur* annonce de la dureté, mais en outre une rudesse, une action qui blesse, quelque chose de fâcheux; c'est ainsi qu'une saison est *rigoureuse*.

Une personne *raide* ne plie pas; elle est d'une sévérité inflexible. Une personne *rigide*

ne se prête pas ; elle est d'une sévérité intraitable. Une personne *rigoureuse* ne se relâche
pas ; elle est d'une sévérité impitoyable.

On a le caractère, l'esprit *raide*. On a des
principes, des mœurs *rigides*. On a la conduite, l'empire *rigoureux*.

La *raideur* n'a ni liant, ni ménagemens,
ni égards. La *rigidité* est la *raideur* d'une
vertu ou d'une rectitude d'ame, qui, invariablement attachée aux règles les plus sévères,
condamne, sans adoucissement et sans retour,
à subir toute la dureté de la loi la plus dure.
La *rigueur* est une *raideur* de jugement et
de volonté qui fait qu'on ne donne nul accès
à la pitié, à la clémence, à l'indulgence
dans l'exercice de la justice.

Une censure *raide* choque les esprits. Une
vertu *rigide* les étonne. Une justice *rigoureuse* les effraye.

RONDEUR, ROTONDITÉ.

— *Rondeur* exprime l'idée abstraite d'une
figure *ronde* : la *rotondité* est la *rondeur*
propre à tel ou tel corps, la figure de ce
corps *rond*.

Rondeur ne désigne que la figure : *rotondité* sert encore à désigner la grosseur, l'am-
pleur, la capacité de tel corps *rond*. On dit
une *rotonde*, pour désigner un bâtiment *rond*
qui renferme un assez grand espace dans sa
capacité, ou qui a un assez gros volume.

On dit mieux la *sphéricité*, que la *roton-
-dité* de la terre : il faut réserver *rotondité*
pour les objets communs.

Rôt, rôti.

Le *rôt* est le service des mets *rôtis*; le
rôti est la viande *rôtie*. La viande se dore,
prend une couleur rougeâtre en *rôtissant*.

On sert le *rôt*, et vous mangez du *rôti*.
Il y a un *rôt* en maigre comme en gras;
mais la viande *rôtie* est seule du *rôti*.

Aujourd'hui le service du *rôt* est presque
entièrement retranché : dans les repas ordinaires, il y a seulement quelques plats de *rôti*
mêlés avec l'entremets.

Route, voie, chemin.

Route renferme dans son idée quelque
chose d'ordinaire et de fréquenté : la *route* de
Lyon, la *route* de Paris.

Voie marque une conduite certaine vers le
lieu dont il est question.

Chemin signifie précisément le terrain
qu'on suit et dans lequel on marche.

Une *route* est belle ou ennuyeuse, à raison
des agrémens qu'elle présente aux voyageurs.
Une *voie* est commode ou incommode, à
raison des avantages qu'elle leur offre. Un
chemin est bon ou mauvais, à raison du
plus ou moins de facilité dont il est pour la
marche.

Route et *chemin* désignent quelquefois la marche : être en *route*, faire *route* ; peu de *chemin*, beaucoup de *chemin*. *Voie* désigne la façon dont on fait cette marche : la *voie* de la poste, la *voie* du coche, la *voie* de terre, la *voie* de mer.

RUSTAUD, RUSTRE.

Gens fort *rustiques*, qui ont toute la *rusticité* ou toute la grossièreté et la rudesse des gens de la campagne.

Rustaud ne s'applique qu'aux gens de la campagne ou du peuple qui ont conservé tout l'air et les manières de leur état, sans aucune éducation.

Rustre s'applique même aux gens qui, ayant reçu de l'éducation, et ayant vécu dans un monde bien élevé, ont des manières semblables à celles du paysan ou de la populace.

C'est faute d'éducation, faute d'usage, qu'on est *rustaud* : c'est par humeur, par rudesse de caractère, qu'on est *rustre*. Le *rustaud* ne se gêne point ; il est hardiment ce qu'il est. Le *rustre* ne ménage rien ; il est rudement ce qu'il est.

S

SACRIFIER, IMMOLER.

DANS un sens religieux, *sacrifier* signifie rendre *sacré*, se dépouiller d'une chose pour la consacrer à la divinité, la dévouer de manière qu'elle soit perdue ou transformée. *Immoler* signifie offrir un *sacrifice* sanglant, égorger une victime sur l'autel, détruire ce qu'on dévoue.

Il y a différentes sortes de *sacrifices*; l'*immolation* est le plus grand des *sacrifices*. On *sacrifie* toutes sortes d'objets; on n'*immole* que des victimes, des êtres animés. L'objet *sacrifié* est voué à la divinité; l'objet *immolé* est détruit à l'honneur de la divinité. Le *sacrifice* a généralement pour but d'honorer, et l'*immolation* a pour but particulier d'*apaiser*.

Dans un sens profane et figuré, ces termes conservent leurs différences. Vous *sacrifiez* tous les genres d'objets ou de choses auxquelles vous renoncez volontairement, dont vous vous dépouillez pour quelque autre intérêt ou pour l'intérêt d'un autre : vous *immolez*, pour votre satisfaction ou pour la satisfaction d'autrui, des objets animés ou des êtres personnifiés, que vous traitez comme des victimes, que vous dépouillez de ce qu'ils ont de plus précieux, que vous vouez à la mort, à l'anathème, au malheur, etc. L'idée de *sacri-*

fier est plus vague et plus étendue ; celle d'*immoler* plus forte et plus restreinte.

Aristide se *sacrifie* pour sa patrie, en la servant même contre lui, toute ingrate qu'elle est. Codrus s'*immole* pour elle, en achetant la victoire sur ses ennemis par une mort obscure et ignoble.

Le poids du *sacrifice* tombe quelquefois tout entier sur celui qui le fait : l'action d'*immoler* pèse toujours sur la victime qu'on *immole*. Quand vous *sacrifiez* vos prétentions, vos droits, votre fortune, vous seul en souffrez : si vous *immolez* votre ennemi à votre vengeance, le mal est pour votre victime.

Quelques écrivains ont dit s'*immoler* pour *s'exposer à la risée publique*. On s'*immole* aux dieux, à sa patrie, à sa famille, c'est-à-dire, pour leur satisfaction, leur gloire, leur intérêt : on ne s'*immole* pas à la risée, car on ne s'*immole* pas pour elle.

Sagacité, perspicacité.

Perspicacité, beaucoup plus fort et plus expressif, marque la profonde pénétration qui donne la connaissance parfaite : *sagacité* marque le discernement fin qui acquiert une connaissance claire.

La *sagacité* est la finesse, l'excellence d'un discernement si subtil, si clairvoyant, si sûr, qu'il distingue sans peine, démêle et voit nettement ce qu'il y a de plus confus et de plus obscur.

La *perspicacité* est la pénétration, la profondeur d'un esprit si subtil, si perçant, si rapide, qu'il découvre tout d'un coup, approfondit à l'instant, et acquiert la connaissance la plus pleine et la plus parfaite de ce qu'il y a de plus caché et de plus impénétrable.

La *sagacité* voit de loin, et sa connaissance est distincte : la *perspicacité* voit à fond, et sa connaissance est plénière. La *sagacité* voit bien la chose malgré tous les obstacles ; la *perspicacité* voit parfaitement dans la chose, malgré la résistance. La *sagacité* conjecture, devine, prévoit : la *perspicacité* tire au clair, démontre, met en évidence.

Il faut sur-tout de la *sagacité* dans les affaires, et de la *perspicacité* dans les sciences.

SAGESSE, PRUDENCE.

La *sagesse* a pour objet la vérité ; la *prudence*, le bonheur. L'une s'occupe des choses ; l'autre, de nos intérêts.

La *sagesse* est la raison perfectionnée par la science ; la *prudence* est la droite raison appliquée à la conduite de la vie. L'une est proprement en théorie ; l'autre est essentiellement en pratique.

La *sagesse* n'est une vertu, proprement dite, qu'autant qu'elle influe sur les mœurs. La *prudence*, uniquement attachée aux mœurs, est non-seulement une vertu, mais la source et la règle de toutes les autres, en un mot, l'habitude de la vertu.

La *sagesse* propose ce qui est juste; la *prudence* détermine le choix des moyens.

La *sagesse* voit bien et en grand; la *prudence* voit jusque dans les plus petits détails, et prévoit : l'une pense bien, l'autre agit bien.

SAGESSE, VERTU.

Ces deux termes, également relatifs à la conduite de la vie, indiquent l'un et l'autre le principe d'une conduite louable.

La *sagesse* suppose dans l'esprit des lumières naturelles ou acquises; son objet est de diriger l'homme par les meilleures voies.

La *vertu* suppose dans le cœur, par tempérament ou par réflexion, du penchant pour le bien moral, et de l'éloignement pour le mal : son objet est de soumettre les passions aux lois.

SAIN, SALUBRE, SALUTAIRE.

Synonymes en tant qu'on les applique aux choses qui intéressent la santé.

Salubre ne se dit que dans le sens propre. Les choses *saines* ne nuisent point; les choses *salubres* font du bien; les choses *salutaires* sauvent de quelque danger, de quelque mal, de quelque dommage. La *situation* d'une maison est *saine*; des alimens sont *salubres*; un remède est *salutaire*.

SALUT , SALUTATION , RÉVÉRENCE.

Le *salut* est le *bonjour* qu'on donne , le signe du souhait *portez-vous bien.* On considère sur-tout dans le *salut* le geste et la posture.

La *salutation* est l'acte particulier de saluer, avec telles circonstances , sur-tout celles d'un geste ou humble ou animé.

Révérence signifie proprement crainte respectueuse : c'est un genre de *salut* compassé par lequel on s'abaisse devant ceux qu'on veut honorer.

Le *salut* est une démonstration extérieure de civilité , d'amitié , de respect , faite aux personnes qu'on rencontre , qu'on aborde , qu'on visite. Il y a plusieurs genres de *saluts.*

La *salutation* est le *salut* particulier tel qu'on le fait dans telle occasion , sur - tout avec des marques très - apparentes de respect ou d'empressement.

La *révérence* est un salut de respect et d'honneur , par lequel on incline le corps ou on ploie les genoux pour rendre un hommage particulier aux personnes. Les *révérences* sont d'étiquette et d'usage comme les *complimens.*

de Sang froid, de sang rassis, de sens froid, de sens rassis.

De sang froid est préférable à *de sens froid*, par la raison que c'est le propre du *sang*, et non pas du *sens*, de s'échauffer, de s'enflammer, de se refroidir, de se glacer. Cependant, comme on dit qu'un *esprit* est *froid*, et que l'*esprit s'échauffe*, on ne peut pas condamner absolument la locution *de sens froid*.

A la vue du péril, on est de *sens froid*, et non pas de *sang froid*, quand on n'a point de crainte. Le *sang* doit se *refroidir* dans une telle occasion ; il est naturel qu'il soit *froid*, et ce n'est nullement une chose à remarquer que le *sang froid*. On dit de *sens froid* lorsque c'est le *sens*, l'esprit, l'ame qui doit être calme, paisible ; et de *sang froid*, lorsque c'est le *sang*, à proprement parler, qui devrait s'*échauffer*, comme dans toutes les circonstances propres à allumer la colère.

On dit plutôt *de sens rassis* que de *sang rassis* : *de sens rassis* désigne la cessation du désordre des *sens*, le retour du *sens*, du jugement, de la raison, à leur *assiette*, à leur état naturel.

Lorsque le *sang*, la bile, les humeurs ont été *échauffés*, agités, troublés, et qu'ils viennent à se *rasseoir*, c'est le cas de dire *de sang rassis*.

Satisfaction , contentement.

La *satisfaction* est l'accomplissement de nos désirs ; le *contentement* est un sentiment de joie, d'une joie douce, produit par la *satisfaction* des désirs, ou même par tout autre évènement.

Le désir accompli fait votre *satisfaction ;* la jouissance de l'objet fait votre *contentement*. L'homme *satisfait* a ce qu'il désirait ; l'homme *content* ne désire plus rien.

Il y a toujours un plaisir dans la *satisfaction ;* mais le plaisir n'est pas la joie , et il y a une joie douce et paisible dans le *contentement*.

Il arrive souvent qu'après s'être *satisfait*, on n'en est pas plus *content*.

Sauvage , farouche.

Un objet est *sauvage* par défaut de culture : un animal est *farouche* par vice d'humeur. Le *sauvage* serait *farouche* , s'il avait dans le caractère et dans les mœurs de la rudesse, de la dureté, de la brutalité.

Apprivoisez l'animal *sauvage*, il deviendra domestique : domptez l'animal *farouche*, il paraîtra soumis.

L'homme *sauvage* évite la société, parce qu'il la craint ; l'homme *farouche* la repousse, parce qu'il ne l'aime pas.

Le *sauvage* est dans la société comme l'oiseau dans la volière ; il s'y agite d'abord, mais il s'y accoutume. Le *farouche* est dans la société comme l'animal intraitable dans les chaînes ; il s'en irrite d'abord , mais à la fin il s'y accoutume.

Farouche ne dit que des êtres animés ou de certaines qualités qui leur appartiennent.

Une plante s'appelle *sauvage*, lorsqu'elle vient sans culture : un pays inculte et inhabité est *sauvage*. On appelle *sauvages* les peuples qui, n'étant point civilisés et attachés à la terre, errent et vivent à la manière des bêtes.

SAUVAGE, BARBARE.

Le *sauvage* est tel par les principes mêmes de sa constitution physique ; le *barbare* ne reste *barbare* que par l'imperfection de sa constitution morale.

Les *nations sauvages* repoussent la civilisation ; les *nations barbares* ne l'ont pas encore reçue. Pour que les peuples *barbares* cessent d'être tels, il suffit de les éclairer : pour que les peuples *sauvages* cessassent de l'être , il faudrait créer chez eux, si cela était possible, le besoin d'un régime de vie plus analogue aux habitudes de l'état social, et changer ou modifier profondément tout le système de leur organisation.

SAVOUREUX, SUCCULENT.

Savoureux, qui a beaucoup de *saveur*, un très-bon goût ; *succulent*, qui est plein de *suc*, et très-nourrissant. *Savoureux* exprime la propriété du corps relative au sens du goût; *succulent*, la nature de l'aliment et sa propriété nutritive.

Ce dernier mot ne s'applique qu'aux viandes, aux mets, aux potages, etc.; au lieu que tout corps peut être appelé *savoureux* dès qu'il a du goût. Un mets *succulent* est sans doute *savoureux*; mais il y a beaucoup de mets *savoureux* qui ne sont nullement *succulens*.

SCRUPULEUX, CONSCIENTIEUX.

Le *scrupule* est la manie de la *conscience*. L'homme *conscientieux* s'attache à remplir ses devoirs avec la plus grande régularité; l'homme *scrupuleux* les remplit avec la plus grande minutie. Le premier écoute toujours sa conscience; le second ne s'en fie pas à elle. L'un s'occupe à remplir tous ses devoirs; l'autre, en les exagérant, s'ôte le moyen de vaquer à tous, et la liberté d'esprit nécessaire pour les bien remplir.

SECOURIR, AIDER, ASSISTER.

Secourir, courir au secours de quelqu'un, le relever, le soutenir, le défendre, etc. *Aider*, joindre ses forces à celles d'un autre, le seconder, le servir. *Assister*, être présent ou près; veiller sur quelqu'un, pourvoir à ses besoins.

Je vois dans le mot *secourir* le grand empressement, l'extrême diligence de l'action; dans le mot *aider*, l'action propre de seconder ou de partager le travail d'autrui, et de le soulager; dans le mot *assister*, le désir de connaître les besoins de quelqu'un, et d'y rémedier autant qu'il est en vous. Le *secours* est bienfaisant et salutaire; l'*aide* est auxiliaire et utile; l'*assistance* est effective et tutélaire.

Ce sera donc au puissant à *secourir* l'infortuné. Ce sera sur-tout au fort à *aider* le faible. Ce sera sur-tout au riche à *assister* le pauvre.

Secrètement, en secret.

Secrètement doit marquer une action secrète, cachée, mystérieuse, insensible; et *en secret*, quelque particularité *secrète* de l'action. Ce que vous faites *secrètement*, vous le faites à l'insu de tout le monde, de manière que votre action est entièrement ignorée; ce que vous faites *en secret*, vous le faites en *un lieu secret*, à part, en particulier, en sorte que la chose se passe sans témoins.

Dans votre cabinet, vous traitez *en secret* d'une affaire; mais vous n'en traitez pas *secrètement*, si l'affaire n'est pas un *secret*. Vous trameriez *secrètement* un complot; vous faites *en secret* une confidence.

Au milieu d'un cercle, vous parlez à une
personne

personne en particulier et tout bas ; vous ne lui parlez pas *secrètement* , car on voit que vous lui parlez : vous lui parlez *en secret* ou à part , car on n'entend pas ce que vous lui dites.

Ce qu'on fait *secrètement* , on ne veut pas le faire *publiquement* ; ce que vous faites *en secret* , vous ne le voulez pas faire *en public*.

SÉDITIEUX , TURBULENT , TUMULTUEUX.

L'action *séditieuse* attaque l'autorité légitime et trouble la paix intérieure de l'Etat , de la société. L'action *turbulente* bannit le repos , le calme , la tranquillité , et bouleverse l'ordre , le cours , l'état naturel des choses. L'action *tumultueuse* produit les effets d'une violente et bruyante fermentation , et trouble les esprits , la police , votre sécurité.

Réprimez promptement les *séditieux* ; contenez fortement les génies *turbulent* ; étouffez à l'instant les mouvemens *tumultueux*.

La *sédition* est une dissention entre les citoyens qui vont les uns d'un côté , les autres de l'autre , dans des sens contraires. Le *trouble* est une forte émotion qui produit la confusion et le désordre. Le *tumulte* est un grand *trouble* qui s'élève subitement ou rapidement , avec un grand bruit.

Séduire, suborner, corrompre.

Faire faire à quelqu'un des choses contraires à son devoir, à l'honneur, à la justice, à la fidélité, à la pureté, à la vertu, c'est l'idée commune à ces termes.

L'idée propre de *séduire* est d'attirer et de conduire au mal, de détourner quelqu'un de ses voies et de son devoir, et de l'égarer ou de le faire donner dans des écarts.

L'idée propre de *suborner* est de pratiquer, pour ainsi dire, les esprits, de les gagner par des manœuvres sourdes, de les mettre artificieusement dans vos intérêts pour les faire servir à de mauvais desseins.

Corrompre, c'est vicier le fond des choses, altérer leurs qualités essentielles, changer de bien en mal.

Imposer à quelqu'un, l'abuser par des moyens spécieux, c'est le *séduire*. On *séduit* l'innocence, la droiture, la bonne foi, la jeunesse, le sexe, par des apparences, par des dehors attrayans, par des illusions, des prestiges, des impostures.

Intéresser quelqu'un au mal, le gagner par des manœuvres sourdes, c'est le *suborner*. On *suborne* les lâches, les faibles, des gens sans vertu, des hommes pervertis, des femmes, des témoins, des domestiques; on les gagne par des flatteries, par des promesses, par des menaces, mais sur-tout par l'intérêt.

Infecter quelqu'un de mauvais sentimens, de

mauvais principes , de quelque manière que ce soit , c'est le *corrompre*. On *corrompt* ce qui est pur , sain , bon vertueux , mais corruptible , accessible au vice , capable de changer en mal.

Celui qui est *séduit* ne songeait pas à l'être ; il est la dupe ou la victime du *séducteur*. Celui qui est *suborné* a bien voulu l'être ; il est le complice ou l'instrument du *suborneur*. Celui qui est *corrompu* était exposé à l'être ; il est la proie ou la conquête du *corrupteur*.

Sein , giron.

Dans le sens propre , le *sein* est la partie du corps humain qui est depuis le bas du cou jusqu'au creux de l'estomac ; le *giron* , l'espace qui est depuis la ceinture jusqu'aux genoux , dans une personne assise. Mais le mot *sein* embrasse ou désigne quelquefois la partie inférieure du buste ; il se dit pour ventre. Une femme debout tient son enfant sur son *sein* , entre ses bras ; assise , elle le tient dans son *giron* , sur ses genoux : on dira qu'elle l'a porté dans son *sein* , comme dans ses entrailles.

Au figuré , *giron* est tout propre à désigner des rapports purement locaux ; tandis que *sein* annonce les rapports les plus intimes , les liens les plus étroits. Ainsi , le simple habitant d'une ville est dans son *giron* (cercle , tour , enceinte) ; mais le bourgeois , membre de la communauté, est dans son *sein*. L'on retourne au *giron* de l'église, et l'on rentre dans son *sein*. L'enfant dort dans le *sein* de son père ; le domestique repose sous le *giron* de son maître.

SEING, SIGNATURE.

Le *seing* est le signe qu'une personne met au bas d'un écrit pour en garantir ou reconnaître le contenu.

La *signature* est ce *signe* ou le *seing*, en tant qu'il est apposé au bas de l'écrit par la personne elle-même qui en garantit ou en reconnaît le contenu. La *signature* est le résultat de l'action de *signer* ou de mettre son *seing*.

Si vous *signez* un écrit d'un nom imaginaire, votre *seing* est faux : si quelqu'un *signe* un acte de votre nom, la *signature* est fausse.

Le mot *seing* indique plutôt un écrit simple, ordinaire, privé ; et celui de *signature* un acte public, authentique, revêtu de formalités.

SELON, SUIVANT.

Suivant signifie *en suivant*, *pour suivre*, *si l'on suit :* il exprime l'action de parler ou d'agir après ou d'après une suite, une conséquence. *Selon* revient aux mots ou aux différentes manières de parler, *ainsi que*, *comme*, *à ce que*, *conformément à ce que*. *Selon*

Aristote, c'est-à-dire, à ce que dit, ainsi que le dit Aristote.

Il paraît que *selon* exprime quelque chose de plus fort, de plus déterminé, de plus positif, de plus absolu que *suivant*; il désigne mieux une autorité, une règle à laquelle il faut obéir, se conformer; tandis que *suivant* laisse plus de liberté et d'incertitude. J'agis *selon* vos ordres, quand je les exécute; j'agis *suivant* vos ordres, quand je les suis. *Selon* Dieu marque la volonté, l'ordre, le jugement absolu de Dieu. *Suivant* Dieu ne désignerait, en quelque sorte, qu'une simple pensée, qu'une voie tracée par Dieu lui-même.

Je me détermine *selon* ma volonté, parce que telle est ma volonté. J'opine *suivant* votre avis, parce que mon esprit juge convenable de l'embrasser.

Il est sensible que l'harmonie décide souvent du choix de ces mots : on ne dira pas *selon* Longin, *suivant* le Divan.

Sembler, paraître.

Paraître n'est synonyme de *sembler* que quand il marque l'apparence d'être tel.

Un objet *semble* et *paraît* beau, bon, agréable. Il *semble* par des traits ou des formes de bonté, de beauté, d'agrément; il *paraît* tel par les apparences, des dehors de l'agrément, de la bonté, de la beauté. La chose vous *semble* telle par la comparaison que vous en faites avec le modèle, le type, l'idée que vous avez du beau, du bon et de l'agréable : elle vous *paraît* telle à l'aspect, selon qu'elle vous affecte, par le genre d'impression qu'elle fait sur vous. Ce qui vous *semble* bon ressemble à ce qui est bon ; ce qui vous *paraît* bon a l'air de l'être. La *ressemblance* a rapport à la *différence* ; l'*apparence*, à la réalité. Ce qui vous *semble* pourrait bien n'être pas tel que vous le croyez ; ce qui vous *paraît* pourrait bien n'être pas en effet ce que vous croyez.

On dit impersonnellement, *il paraît*, *il semble* ; *il me paraît*, *il me semble*. La différence est toujours la même. *Il me paraît* ne désigne que les impressions faites par les apparences ou de simples conjectures tirées de ces dehors spécieux : *il me semble* annonce plus de persuasion, et des jugemens fondés sur quelques motifs qui ont au moins une apparence de raison.

SEMER, ENSEMENCER.

Semer a rapport au grain ; c'est le grain qu'on *sème* dans le champ. *Ensemencer* a rapport à la terre ; c'est le champ qu'on *ensemence* de blé. On *sème* toutes sortes de grains ou de graines, et dans toutes sortes de terrains ; on n'*ensemence* que les grandes pièces de terre préparées par le labourage.

Sensible, tendre.

Dans le sens moral, ces termes expriment l'attribut d'un cœur susceptible d'impressions et d'affections relatives et favorables à autrui.

Un cœur est *sensible* par une disposition naturelle à s'affecter de tout ce qui intéresse l'humanité, et à s'y intéresser : un cœur est *tendre* par une qualité particulière qui lui inspire les sentimens les plus affectueux de la nature, et leur imprime ce qu'ils ont de plus touchant.

La *sensibilité*, d'abord passive, attend l'occasion de se développer, il faut l'exciter : la *tendresse*, active par elle-même, cherche les occasions de se développer, elle nous excite.

La *sensibilité* est un feu électrique que le frottement met en activité jusqu'à lui faire produire les plus grands effets. La *tendresse* est un feu vivifiant et brûlant qui échauffe l'âme et les actions d'une chaleur douce et pénétrante, propre à se communiquer, et capable de s'élever jusqu'au plus haut degré d'intensité.

La *sensibilité* dispose à la *tendresse* ; la *tendresse* exalte la *sensibilité*.

L'homme *sensible* a sur-tout le cœur ouvert à la pitié, à la clémence, à la miséricorde, à la reconnaissance, à tous les sentimens qui nous portent à vouloir du bien aux autres et à leur en faire. L'homme *tendre* a sur-tout dans

le cœur le germe des affections les plus actives,
les plus vives, les plus généreuses, l'amour,
l'amitié, la bienfaisance, la charité, toutes
les passions qui nous font exister pour les autres et dans les autres. L'homme *sensible* fait
des sacrifices ; l'homme *tendre* semble jouir
de ceux qu'il fait, et recevoir ce qu'il donne.

La *sensibilité* est une source de vertus ; la
tendresse est la source et le charme de toutes
les vertus.

SENTIMENT, AVIS, OPINION, PENSÉE.

Pensée, dans le sens d'*opinion* ou de *sentiment*, dit quelque chose de simple, de léger,
de superficiel, qui n'a point été assez réfléchi,
assez mûri, assez raisonné ; qui n'est que ha-
sardé comme un première idée, une inspiration subite, ou une pure imagination.

Le *sentiment* est une croyance dont l'esprit
est profondément pénétré ; la persuasion l'inspire et le maintient.

L'*avis* est un jugement sur ce qu'il convient
de faire ; la prudence le suggère et le dicte.

L'*opinion* est une *pensée* ou une connaissance douteuse, qu'on adopte comme par pro-
vision ; la vraisemblance nous la fait agréer
et soutenir jusqu'à de nouvelles lumières.

Les *sentimens* sont un peu soumis à l'influence
du cœur ; les *avis* dépendent de la réflexion,
de nos lumières, de notre expérience, de
notre manière de voir ; les *opinions* doivent

beaucoup à la prévention, et bien davantage à l'intérêt secret que nous avons de nous attacher à l'une ou l'autre. Les *pensées* tiennent assez de l'imagination : on en a souvent de chimériques.

Sentiment, Sensation, Perception.

Ces mots désignent l'impression que les objets font sur l'ame.

Le *sentiment* va au cœur ; la *sensation* s'arrête au sens ; et la *perception* s'adresse à l'esprit.

Le *sentiment* étend son ressort jusqu'aux mœurs ; il fait que nous sommes également touchés de l'honneur et de la vertu comme des autres avantages. La *sensation* ne va pas au-delà du physique ; elle fait uniquement sentir ce que le mouvement des choses matérielles peut occasioner de plaisir ou de douleur par la mécanique des organes. La *perception* enferme dans son district les sciences et tout ce dont l'ame peut se former une image ; mais ses impressions sont plus tranquilles que celles du *sentiment* ou de la *sensation*.

Serment, Jurement, Juron.

Le *serment* se fait proprement pour confirmer la sincérité d'une promesse ; le *jurement*, pour confirmer la vérité d'un témoignage ; et le *juron* n'est qu'un style dont le peuple se sert pour donner au discours un air assuré et prévenir la défiance.

SERMENT, VŒU.

Deux actes religieux qui supposent également une promesse faite sous les yeux de Dieu, et avec invocation de son saint nom.

C'est à l'homme qu'on s'engage par le *serment*; on prend seulement Dieu à témoin de ce à quoi l'on s'engage; et l'on se soumet aux effets de sa vengeance, si l'on vient à violer là promesse qu'on a faite.

Le *vœu* est un engagement où l'on entre directement envers Dieu, et un engagement volontaire par lequel on s'impose à soi-même la nécessité de faire certaines choses auxquelles sans cela on n'aurait pas été tenu. Les Israélites étaient fort religieux à observer leurs *vœux* et leurs *sermens*.

SERVIABLE, OFFICIEUX, OBLIGEANT.

Serviable, qui est toujours prêt à rendre service, de ces services ordinaires que nous nous rendons dans la société. Ce mot est familier.

Officieux, disposé, empressé à rendre de bons offices, des services agréables et utiles, des services que des sentimens et des relations particulières font regarder comme des devoirs, *officia*.

Obligeant, qui est disposé à obliger, à rendre des services plus intéressans, plus importans, qui ne sont pas dus, et qui vous *lient* en vous *obligeant* à un retour, à un senti-ment de bienveillance, de reconnaissance.

L'homme *serviable* est prompt et empressé à vous servir; mais il est circonscrit. L'homme *officieux*, affectueux et zélé, se fait un devoir de concourir à vos desseins; mais il peut être intéressé. L'homme *obligeant* ne considère que le plaisir de vous rendre heureux.

SERVITUDE, ESCLAVAGE.

Les personnes, les champs, les moissons, etc. sont sujets à des *servitudes*; l'esclavage n'est que pour les personnes.

L'*esclavage* se présente sous un aspect plus sévère, plus dur, plus effrayant que la *servitude*. La *servitude* impose un joug, et l'*esclavage* un joug de fer. Dans la *servitude* on n'est point à soi; dans l'*esclavage* on est tout à autrui. La *servitude* vous ravale au-dessous de la condition humaine; l'*esclavage*, jus-qu'à la condition des animaux domestiques.

Il peut y avoir une *servitude* assez douce, tandis que l'*esclavage*, même modifié, est toujours très-dur.

La domesticité est une sorte de *servitude*; il ne faut pas que les maîtres en fassent un *esclavage*.

Dans un sens moral et relâché, nous appe-lons *servitude* un assujettissement pénible et continuel: porté à un certain excès, cet assu-jettissement serait un *esclavage*.

SÉVÉRITÉ, RIGUEUR.

La *sévérité* se trouve principalement dans la manière de penser et de juger ; elle condamne facilement et n'excuse pas.

La *rigueur* se trouve particulièrement dans la manière de punir ; elle n'adoucit pas la peine et ne pardonne rien.

SIGNALÉ, INSIGNE.

C'est ce qui a ou porte des signes, des traits qui le font remarquer, reconnaître, distinguer.

La chose *signalée* est marquée et remarquée ; la chose *insigne* est marquante et remarquable. On est *signalé* par des traits particuliers, et *insigne* par des qualités peu communes.

Plusieurs exploits *signalés* annoncent une *insigne* valeur, comme plusieurs crimes *signalés* annoncent un *insigne* scélérat.

Une chose *signalée* est plus ou moins distinguée ; une chose *insigne* l'est toujours à un très-haut degré.

Signalé marque l'état, le bruit, l'effet que produit la chose : *insigne* n'exprime que la qualité, le mérite, le prix de la chose. Ce qui frappe est *signalé* ; ce qui excelle est *insigne*. Ainsi, un *insigne* fripon, un très-grand fripon, n'est un fripon *signalé*, qu'autant qu'il a donné des preuves éclatantes de friponnerie. Un bonheur *insigne* se sent : un bonheur *signalé* se voit.

SIGNE, SIGNAL.

Le *signe* fait connaître ; il est quelquefois naturel. Le *signal* avertit ; il est toujours arbitraire.

On s'explique par *signes* avec les muets ou les sourds : on convient d'un *signal* pour se faire entendre des gens éloignés.

SILENCIEUX, TACITURNE.

Le premier dit beaucoup moins que le second : le *silencieux* est tranquille et en repos, il parle peu ; le *taciturne* est muet et sans mouvement, il ne parle pas. L'un garde le silence ; l'autre garde un silence opiniâtre. Le premier ne parle pas quand il pourrait parler ; le second ne parle pas, même quand il devrait parler.

La préoccupation, la réflexion, la méditation, vous rendent actuellement *silencieux* ; la peine, le chagrin, la souffrance vous rendront *taciturne*.

L'observateur est nécessairement *silencieux* ; le mélancolique est naturellement *taciturne*.

SIMILITUDE, COMPARAISON.

Rapprochement de deux objets différens, mais analogues à quelques égards, propre à éclaircir le sujet ou à orner le discours.

La ressemblance très-sensible constitue la *similitude* ; et le rapprochement des traits de ressemblance forme la *comparaison*.

Comparaison annonce des rapports plus stricts et plus nécessaires entre les objets comparés, que *similitude* n'en suppose entre les objets *assimilés*.

La *similitude* n'exige que de la ressemblance entre les objets ; la *comparaison* établit une sorte de parité entre eux. Il ne faut à la *similitude* que des apparences semblables qu'elle rapproche : il faudrait à la *comparaison* rigoureuse des qualités presque égales qu'elle balancerait. L'une ne fait qu'éclairer un objet par la lumière tirée d'un autre objet connu ; l'autre se fera mieux apprécier par son affinité avec un objet d'un mérite reconnu. Des objets *assimilés* l'un à l'autre ne sont pourtant pas réellement comparables, ou capables d'être mis au *pair*, en comparaison, en parallèle. On *assimile* plutôt des objets étrangers l'un à l'autre ; on *compare* plutôt des objets du même genre ou de la même qualité. Vous *assimilerez*, sous certains rapports, un homme à un animal ; vous *comparerez* un héros à un autre, selon le degré de leur valeur et le mérite de leurs exploits. Si je dis qu'*Achille est semblable à un lion*, c'est une *similitude* ; je désigne seulement l'espèce de courage et de furie qu'il fait éclater. Si je dis qu'il est *tel qu'un lion*, c'est une comparaison ; car je lui attribue les mêmes qualités et au même degré qu'au lion.

On a particulièrement appelé *similitudes* les paraboles et autres figures de ce genre, que les orientaux aiment beaucoup. Jésus-Christ faisait entendre sa doctrine à ses disciples par des *similitudes*. La *similitude* exige alors un récit circonstancié, une exposition détaillée de faits, de vérités, d'imaginations, de choses connues ou sensibles par elles-mêmes, et dont les divers traits s'appliquent naturellement et parfaitement à l'objet qu'il s'agit d'éclaircir ou de représenter d'une manière détournée, mais claire. La *similitude* appartiendra donc plutôt à la philosophie qui enseigne, et la *comparaison* à la poésie ou à l'art qui décrit.

SIMPLICITÉ, SIMPLESSE.

Simplicité a tous les sens de l'adjectif *simple* ; *simplesse* n'a qu'un sens. Il y a la *simplicité* des élémens, la *simplicité* des choses, la *simplicité* des personnes, la *simplicité* des mœurs et des manières, la *simplicité* des habits et des meubles, la *simplicité* de l'esprit et celle du cœur, etc. La *simplesse* est propre à l'homme et à l'ame.

La *simplicité*, prise dans le sens moral que nous cherchons, est la vérité d'un cœur naturel, innocent et droit, qui ne connaît ni le déguisement, ni le raffinement, ni la malice.

La *simplesse* est l'ingénuité d'un caractère

bon, doux et facile, qui ne connaît, ni la la dissimulation, ni la finesse, ni pour ainsi dire le mal.

La *simplicité*, toute franche, montre le caractère à découvert ; la *simplesse*, toute cordiale, s'y abandonne sans réserve. La *simplicité* tient à une innocence pure ; la *simplesse*, à une bonhomie charmante.

Nicole et la Fontaine étaient des hommes *simples :* dans Nicole, c'était de la *simplicité ;* et dans la Fontaine, de la *simplesse.*

SIMULACRE, FANTÔME, SPECTRE.

Le *simulacre* est l'apparence trompeuse d'un objet vain ; le *fantôme* est l'objet fantastique d'une vision extravagante ; le *spectre* est la figure ou l'ombre d'un objet hideux ou effrayant qui frappe les yeux ou l'imagination.

Le *simulacre* n'a qu'un caractère vague, et il se dit de tous les objets vains, vides ou faux, et des choses comme des personnes. *Simulacre* de ville, de république, de vertu.

Le *fantôme* a des formes ou des traits bizarres, étranges, et qui ne sont point dans la nature, et il se dit particulièrement des objets qui paraissent vivans. On dit figurément, un *fantôme* de roi, pour dire, un roi qui ne l'est pas en effet, qui ne sait pas régner.

Le *spectre* représente des objets défigurés et faits pour inspirer de l'horreur ou de l'effroi.

Le simulacre nous abuse ; le *fantôme* nous obsède ; le *spectre* nous poursuit.

Sincérité, franchise, naïveté, ingénuité.

La *sincérité* empêche de parler autrement qu'on ne pense ; c'est une vertu. La *franchise* fait parler comme on pense ; c'est un effet du naturel. La *naïveté* fait dire librement ce qu'on pense ; cela vient quelquefois d'un défaut de réflexion. L'*ingénuité* fait avouer ce qu'on sait et ce qu'on sent ; c'est souvent une bêtise.

Singulier, extraordinaire.

Le *singulier* ne ressemble pas à ce qui est ; il est d'un genre particulier : l'*extraordinaire* sort de la sphère à laquelle il appartient ; il est particulier dans son genre. Le *singulier* n'est pas de l'ordre commun des choses ; il fait, pour ainsi dire, classe à part : l'*extraordinaire* n'est pas dans l'ordre courant des choses ; il fait exception à la règle.

Tout homme qui a un caractère propre, a nécessairement quelque chose de *singulier*. Tout homme qui a un caractère énergique et fortement prononcé, a quelque chose d'*extraordinaire*.

Le *singulier* a quelque chose d'original ou de nouveau, de propre ou d'exclusif, de curieux ou de piquant ; l'*extraordinaire* a des traits plus forts ou plus marqués, un caractère de grandeur ou d'excès, une sorte de supériorité ou d'éminence.

En mauvaise part, le *singulier* est hors de la nature, de la vérité, de la simplicité, de la justice, des convenances. L'*extraordinaire* est outré, démesuré, excessif, extravagant, révoltant.

Une femme est *singulièrement* jolie; une autre est d'une beauté *extraordinaire*. Une personne a une adresse *singulière*, et une bravoure *extraordinaire*.

SINUEUX, TORTUEUX.

Sinueux, qui fait des plis et des replis, des courbures et des enfoncemens, comme le serpent qui rampe, la rivière qui serpente, la robe qui flotte. *Tortueux*, qui ne fait que tourner, retourner, se contourner, qui va de biais, obliquement, de travers, comme un sentier qui va et vient d'un sens à l'autre, un labyrinthe qui a des tours et des détours, un corps qui serait tout tortu.

Sinueux indique plutôt la marche, le cours des choses; *tortueux*, leur forme, leur coupe. Le cours de la rivière est *sinueux*; la forme de la côte est *tortueuse*. La rivière, en coulant, s'enfonce dans les terres et fait elle-même ses *sinuosités*; et la côte, enfoncée de toutes parts, en demeure *tortueuse*. On fait des replis *sinueux*, et l'on va par des voies *tortueuses*.

Sinueux n'a point un mauvais sens ; *tor-tueux* se prend sur-tout en mauvaise part, dans le style du blâme et de la censure.

SITUATION, ASSIETTE.

Assis et *situé* ne s'emploient pas indifféremment. *Situé* marque les différens rapports de lieux ; *assis* ne marque que la place, l'emplacement. Une ville est *située*, et non *assise* dans un pays ; un jardin est *situé* et non *assis* au nord.

Situation désigne l'action, ce qui se fait ou ce qu'on a fait : *assiette* désigne l'état, ce qui est, ce qui est ainsi. Vous mettez une chose, vous vous mettez dans une *situation* : vous êtes, la chose est dans telle *assiette*.

La *situation* embrasse proprement les divers rapports locaux que la chose peut avoir avec les objets qu'elle regarde ou qui la regardent : c'est la manière d'être présente, actuelle, de la chose stable ou variable, durable ou momentanée. L'*assiette* est bornée à la place ou à l'objet sur lequel la chose pose et se repose : c'est la manière d'être, propre, ordinaire, habituelle de la chose plus ou moins ferme, plus ou moins fixe.

Une maison de campagne est dans une jolie *situation*, quand les alentours en sont agréables. Une place de guerre est forte d'*assiette*, quand sa base est ferme, escarpée, insurmontable.

Celui qui change sans cesse de *situation*, n'a point d'*assiette* ; il la cherche.

SITUATION , ÉTAT.

Par lui-même l'*état* est plus ferme et plus durable que la *situation* ; et la *situation* n'embrasse point, comme l'*état* , l'objet entier, ou toute sa manière sensible d'être. La *situation* est relative à la base sur laquelle porte l'objet : *l'état* est relatif à tout ce qui constitue la manière d'être générale de l'objet.

La *situation* résulte de la position, de l'assiette, de la manière d'être posé, placé, assis ou *séant* : l'*état* résulte des qualités, des modifications, des conditions, des dispositions, des circonstances qui déterminent la manière d'être. L'*état* des affaires, de la fortune de quelqu'un ; la *situation* de son ame.

La *situation* des affaires est le point où elles en sont, et où elles ne doivent naturellement pas rester : l'*état* des affaires est la disposition générale où l'arrangement dans lequel elles restent ou peuvent rester.

Sans argent, vous pouvez être dans la *situation* d'un pauvre ; mais vous n'êtes pas dans l'*état* de pauvreté, si vous ne manquez de rien, si vous avez des ressources, si vous ne ressentez pas les peines de cet *état*.

On dit *état* pour condition ou rang , et non *situation*.

On dit encore *état* de *situation* , et l'on entend par là un compte détaillé qui donne et établit un résultat.

SITUATION, POSITION, DISPOSITION.

L'idée commune aux mots *situation* et *position* est de porter sur une chose, sur une base. La *situation* exprime proprement l'action de seoir ou d'être assis, d'occuper ou de remplir une place où l'on repose, où l'on est arrêté. La *position* exprime l'action de mettre sur pied ou en pied, d'y être d'une certaine manière ou dans une certaine posture, de s'y placer dans un certain but. La *disposition* ajoute à ce mot l'idée d'un arrangement, d'une combinaison, d'un ordre particulier de choses, ainsi que d'une inclination, d'une tendance, d'une forte direction vers le but.

La *situation* est une manière générale d'être en place : la *position* est une manière particulière d'être dans un sens. La *situation* désigne plutôt l'habitude entière du corps ou de l'objet : la *position* désigne particulièrement une attitude ou une posture du corps ou de l'objet. La *disposition* marque la *position* combinée de différentes parties ou de divers objets qui doivent concourir au même dessein, et une tendance particulière au but.

Vous êtes dans une *situation* quelconque ; vous prenez une *position* particulière pour dormir à l'aise ; votre corps est, pour cet effet, dans une bonne *disposition*.

Une maison est dans une *situation*, eu
égard à ce qui l'environne ; elle est dans telle
position, eu égard à son *exposition* ; elle a
une telle *disposition*, eu égard à la distribution des parties qui la composent.

Au figuré, la *situation* des esprits, des affaires, est leur état actuel, où elles en sont :
la *disposition* désigne leur tournure ou leur
tendance ; le train qu'elles suivent ou qu'elles
veulent prendre. Ce mot sert à exprimer la
pente que l'on a, le sentiment où l'on est,
l'aptitude dont on est doué. La *situation* fait
qu'on est ainsi ; la *disposition* fait qu'on va
là, ou qu'on veut cela. En parlant des esprits,
des affaires, le mot *position* n'est guère employé ; mais il s'applique très-bien aux personnes. Lorsqu'on est dans une *situation* très-
gênée quant à la fortune, on n'est pas dans une
position à faire du bien aux autres.

Sobre, frugal, tempérant.

L'homme *sobre* évite l'excès, content de
ce que le besoin exige. Le *frugal* évite l'excès
dans la qualité et dans la quantité, content
de ce que la nature veut et lui offre. Le *tem-
pérant* évite également tous les excès ; il garde
un juste milieu.

La *sobriété* ne veut pas trop ; la *frugalité*
veut peu et des mets simples ; la *tempérance*
ne veut ni trop ni trop peu.

On dit aussi vie *frugale*, repas *frugal*,
table *frugale*.

SOCIABLE, AIMABLE.

L'homme *sociable* a les qualités propres au bien de la société, la douceur du caractère, l'humanité, la franchise sans rudesse, la complaisance sans flatterie, et sur-tout le cœur porté à la bienfaisance.

L'homme *aimable*, dans le sens qu'on donne aujourd'hui à ce mot, indifférent sur le bien public, ardent à plaire à toutes les sociétés où son goût et le hasard le jettent, prêt à en sacrifier chaque particulier, n'aime personne, n'est aimé de qui que ce soit, plait à tous, et souvent est méprisé et recherché par les mêmes gens.

SOI, LUI, SOI-MÊME, LUI-MÊME.

Soi et *lui* sont des pronoms personnels qui indiquent grammaticalement la troisième personne.

Lui marque une personne particulière et déterminée, celle qu'on a nommée, celle dont il s'agit dans le discours, qui est à côté ou plus haut. *Soi* n'indique qu'une personne indéterminée, quelqu'un, les gens d'une certaine classe, ceux qui existent ou qui peuvent exister d'une certaine manière.

Cet homme parle trop souvent de *lui*. Il ne faut pas parler souvent de *soi*.

Un tel a la faiblesse d'être mécontent de *lui*; tel autre a la sottise d'être trop content de *lui*. Être trop mécontent de *soi* est une faiblesse ; être trop content de *soi* est une sottise.

On a souvent besoin d'un plus petit que *soi*. Un prince a besoin de beaucoup de gens beaucoup plus petits que lui.

Lui-même et *soi-même* n'ajoutent à *lui* et à *soi* qu'une force nouvelle de désignation, d'augmentation, d'affirmation. Il faut souvent s'oublier *soi-même*. Cet homme s'oublie quelquefois *lui-même*.

Lui est opposé à *autre* ; *soi* l'est à *autrui*. *Lui* répond à *il* ; *soi* répond à *on* ou à tout autre mot semblable, générique ou vague.

Il faut dire *soi* lorsque *lui* serait équivoque, ou bien changer la phrase. On dit chacun pour *soi*, et non pour *lui* : *lui* désignerait plutôt une personne étrangère. C'est *soi* qu'on aime, et non *lui*.

On dit également, un héros qui tire tout son lustre de *soi-même* ou de *lui-même*. Si vous dites *de lui*, vous ne désignez que le fait ou la chose propre à ce héros, à *lui*. Si vous dites *de soi*, vous indiquez un fait ou une chose commune à tous les héros, au genre. Ce sont les vues de l'esprit qui doivent, en pareil cas, nous décider pour *soi* ou *lui*.

Il s'est sauvé *soi-même*, et il s'est sauvé *lui-même*, signifient deux choses différentes. Dans le premier cas, il a sauvé sa propre personne ; dans le second, il s'est sauvé sans le secours d'autrui.

Soigneusement,

SOIGNEUSEMENT, CURIEUSEMENT.

On garde *soigneusement* ce qui est utile ; on garde plutôt *curieusement* ce qui est rare. On est *soigneux* dans les choses qu'on doit faire : on est *curieux* dans les choses qu'on se plait à faire. La raison ou l'attachement nous rend *soigneux* : le goût ou la passion nous rend *curieux*.

SOIN, SOUCI, SOLLICITUDE.

Le *soin* est un embarras et un travail de l'esprit, causé par une situation critique dont il s'agit de sortir ou même de se garantir, ou par une situation pénible qu'il faudrait adoucir du-moins par sa vigilance, son activité et ses efforts.

Le *souci* est une agitation et une inquiétude d'esprit, causées par des accidens qui troublent le calme et la sécurité de l'ame, et la jettent dans une triste rêverie.

La *sollicitude* est une agitation vive et continuelle, une espèce de tourment habituel de l'esprit, causé par des attaches particulières ou par des intérêts particuliers qui nous sollicitent sans cesse, et nous obligent à des *soins* sans cesse renaissans, ou à une vigilance constante et laborieuse.

Toute affaire, tout embarras, nous donne du *soin*. Toute crainte, tout désir, nous donne du *souci*. Toute charge, toute surveillance, nous donne de la *sollicitude*.

Le *soin* ôte la liberté d'esprit ; le *souci* ôte la tranquillité ; la *sollicitude* ôte le repos de l'esprit et la liberté des actions.

SOLIDITÉ, SOLIDE.

Solidité a plus de rapport à la durée ; *solide* en a davantage à l'utilité. On donne de la *solidité* à ses ouvrages, et l'on cherche le *solide* dans ses desseins.

SOLENNEL, AUTHENTIQUE.

Un acte, un traité est *solennel* par l'appareil, la cérémonie, la publicité ou la notoriété de la chose ; et *authentique*, par les formalités légales, les preuves, l'autorité de la chose. La *solennité* constate l'acte ; l'*authenticité* en constate la validité. La chose *solennelle* est notoirement vraie et incontestable : la chose *authentique* est légalement certaine et inattaquable.

SOLILOQUE, MONOLOGUE, COLLOQUE, DIALOGUE.

Les deux premiers désignent le discours de quelqu'un qui parle seul. Le *monologue* est le *soliloque* d'un personnage qui, seul sur la scène, ne parle que pour les spectateurs. *Soliloque*, beaucoup moins usité, désigne particulièrement les réflexions et les raisonnemens qu'on fait avec soi, à part soi. Le *soliloque* est une conversation que l'on fait avec soi comme avec un second : le *mono-*

logue est une espèce de *dialogue* dans lequel le personnage joue tout-à-la-fois son rôle et celui d'un confident.

Le *colloque* et le *dialogue* sont une conversation entre deux ou plusieurs personnes.

Le *colloque* est proprement une conversasation familière et libre, qui n'est astreinte à aucune règle particul ère. Le *dialogue* est un entretien suivi et raisonné, qui est assujéti à des règles. On dit les *colloques* d'Érasme, et les *dialogues* de Fénélon.

Colloque s'applique sur-tout à des conversations légères, frivoles, ou considérées comme des verbiages : on dira les *colloques* des enfans, des caillettes, des gens qui parlent sans rien dire. Le *dialogue* n'est pas toujours aussi grave que l'*entretien* rigoureusement pris; et d'ailleurs, c'est le fond que l'on considère dans les *entretiens* ; dans le *dialogue*, on considère spécialement les formes, la composition, l'exécution, l'art.

SOMBRE, MORNE.

Sombre a quelque chose de plus noir, de plus triste, de plus austère ou de plus horrible que *morne*. Avec une très-forte teinte de noir, une couleur est *sombre :* sans lustre et sans gaîté, une couleur est *morne*.

Les mêmes nuances distinguent ces termes dans le sens figuré. Le tyran est *sombre* ; il est farouche, il effraye ; l'esclave abruti n'est

peut-être que *morne* ; il afflige, on le plaint.
Les passions ardentes et concentrées vous
rendent *sombre* ; les passions douces et trom-
pées vous rendent *morne*.

SOMME, SOMMEIL.

Le *sommeil* est opposé à la veille ; c'est
l'état de l'animal pendant l'assoupissement
naturel de tous ses sens : être enséveli dans
le *sommeil* ; un *sommeil* profond, tranquille,
doux, paisible, inquiet.
— Le *somme* est le temps que dure cet assoupissement, le temps pendant lequel on dort ;
c'est un acte de la vie humaine : un bon
somme, le premier *somme*, faire un *somme*.

Le *somme* est l'acte que nous faisons ; le
sommeil est, ou l'état dans lequel nous sommes, ou l'envie, le besoin que nous éprou-
vons : avoir *sommeil*, être accablé de *sommeil*, comme on dirait *avoir faim*, être
tourmenté par la faim.

SOMMET, CIME, COMBLE, FAÎTE.

On dit le *sommet* d'une montagne, d'un
rocher, de la tête, de tout ce qui est élevé.
La pointe constitue essentiellement la
cime : on dit la *cime* d'un arbre, d'un rocher, d'un clocher, d'un corps pyramidal.
Le *comble* est un surcroît, ce qui s'élève
par-dessus les côtés ou les supports, comme
une voûte ; c'est la calotte de l'édifice.

On dit le *faîte* des bâtimens : c'est, à la rigueur, la plus haute pièce de la charpente du toît ; mais on dit aussi le *faîte* d'un arbre, d'une montagne.

Le *sommet* est la partie la plus haute ou l'extrémité supérieure d'un corps élevé. La *cime* est le *sommet* aigu ou la partie la plus élancée d'un corps terminé en pointe. Le *comble* est le surcroît ou le commencement en forme de voûte au-dessus du corps du bâtiment pour le couvrir. Le *faîte* est l'ouvrage ou la place qui fait le complément ou le dernier terme de l'élévation et de la chose.

Le *sommet* est opposé à l'extrémité inférieure ; la *cime*, au pied ou à la base ; le *comble*, au fond ; le *faîte*, au rang le plus bas.

Au figuré, le *sommet* est le plus haut point de la chose ; il n'y a rien au-delà. Le *faîte* est le plus haut rang établi ou connu auquel on parvienne ; il n'y a rien de plus élevé ou d'aussi élevé. Le *comble* est le plus haut période auquel il paraisse possible d'atteindre ; il ne peut y avoir rien au-delà ou au-dessus. Le *sommet* des grandeurs ; le *faîte* des honneurs ; le *comble* du bonheur, de la gloire, de l'opprobre, de l'infamie.

Son de voix, ton de voix.

Le *son de voix* est doux ou rude, agréable ou désagréable, grêle ou vigoureux : il fait reconnaître les personnes, et il est déterminé par la constitution physique de l'organe.

Le *ton de voix* exprime les diverses affections de l'ame; il est, selon l'occurrence, élevé ou bas, impérieux ou soumis, fier ou ironique, grave ou badin, triste ou gai, etc.

SONGER à, PENSER à.

Penser à une chose, c'est l'avoir dans l'esprit, s'en occuper, y attacher sa pensée, y donner son attention, réfléchir, méditer. *Songer à*, signifie seulement rouler une idée dans son esprit, y faire quelque attention, se la rappeler, s'en occuper légèrement, l'avoir présente à sa mémoire. Vous ne direz point *songer* profondément, mûrement, fortement; vous direz *penser*, toutes les fois qu'il s'agira de réflexion, de méditation, d'occupation suivie.

Vous *pensez à* la chose que vous avez à cœur : il suffit qu'une chose soit présente à votre esprit, pour que vous *y songiez*. A l'homme qu'il suffit d'avertir, vous dites *songez-y*; à celui que vous voulez corriger, vous dites *pensez-y bien*. *Vous n'y songez pas* est un avis; *vous n'y pensez pas* est un reproche.

La personne distraite *songe à* autre chose; l'homme abstrait *pense à* toute autre chose.

SOT, FAT, IMPERTINENT.

La première épithète attaque plus l'esprit ; et les deux autres, les manières.

Le *sot* est celui qui n'a pas même ce qu'il faut d'esprit pour être un *fat*. Un *fat* est celui que les *sots* croient un homme d'esprit. L'*impertinent* est une espèce de fat enté sur la grossièreté.

Le *sot* veut être quelque chose ; au lieu d'écouter, il veut parler, et pour lors il ne fait et ne dit que des bêtises.

Le *fat* parle beaucoup, et d'un ton qui lui est particulier ; il a l'air libre et assuré ; il ne sait rien de ce qu'il importe de savoir dans la vie ; il s'écoute et s'admire ; il ajoute à la sottise la vanité et le dédain.

L'*impertinent* est un *fat* qui parle en même temps contre la politesse et la bienséance ; ses propos sont sans égards, sans considération, sans respect ; il confond l'honnête liberté avec une familiarité excessive ; il parle et agit avec une hardiesse insolente : c'est un *fat* outré.

SOUDAIN, SUBIT.

Soudain est plus prompt que *subit* : le premier n'a point de préliminaire ; le second semble en supposer. La chose *soudaine* étonne ; la chose *subite* *surprend*. L'événement *soudain* n'a été ni prévu, ni imaginé, ni soupçonné, ni pressenti ; il n'a pas même pu l'être :

l'évènement *subit* a pu l'être absolument
mais il n'a été ni préparé, ni ménagé, ni
indiqué, du-moins suffisamment. On ne pouvait pas s'attendre au premier ; on ne s'at-
tendait pas, du-moins si-tôt, au second.

L'apparition de l'ennemi est *soudaine*,
lorsqu'elle trompe toute votre prévoyance ;
elle est *subite*, lorsqu'elle trompe seulement
votre attente.

Soudain a quelque chose de plus extraordinaire que *subit* ; il est du style relevé, et s'applique à de grands objets.

Soudoyer, stipendier.

Prendre, entretenir des troupes à sa solde.
Soudoyer désigne plutôt l'entretien ou la
subsistance des troupes ; et *stipendier* leur
paye, ou rétribution en argent.

Un prince *soudoie* des troupes étrangères
qu'il prend à sa solde. *Stipendier* est un terme
emprunté de l'histoire romaine et de l'histoire
ancienne des autres peuples étrangers.

Souffrir, endurer, supporter.

Souffrir se dit d'une manière absolue ; on
souffre le mal dont on ne se venge point.
Endurer a rapport au temps ; on endure le
mal dont on diffère à se venger. *Supporter*
regarde proprement les défauts personnels ;
on *supporte* la mauvaise humeur de ses proches.

Soumettre, subjuguer, assujétir, asservir.

Mettre dans la dépendance.

Soumettre et *assujétir* n'ont pas la même dureté de sens qu'*asservir* et *subjuguer*. Les deux premiers ôtent l'indépendance ; *subjuguer* et *asservir* ôtent la liberté. *Soumis* ou *assujéti*, on peut être encore libre ; *subjugué* ou *asservi*, on est esclave. On est *soumis* à un prince juste, et *assujéti* à des devoirs légitimes ; on est *subjugué* par un ennemi victorieux, et *asservi* par un gouvernement tyranique.

La *soumission* va depuis la déférence jusqu'à l'asservissement. La *sujétion* désigne une contrainte ou une assiduité constante, qui annonce la multiplication des actes. Il y a un *joug* doux, un *joug* léger, comme un *joug* pesant, un *joug* de fer. La *servitude* est un esclavage.

Soumettre exige d'un côté une supériorité, une autorité quelconque, et de l'autre, une infériorité, une dépendance vague. On est plus ou moins *soumis* à la force, à la nécessité, à la loi, à la volonté, au jugement d'autrui. *Subjuguer* exige d'une part, une force ou un ascendant victorieux, et de l'autre, une grande dépendance et une sorte d'impuissance. On *subjugue* des ennemis, des rebelles, des passions, des esprits faibles. *Assujétir* exige, d'un côté, une puissance

M 5

ou un titre, et de l'autre, une dépendance ou un dévouement établi. On est *assujéti* par un maître, par des besoins, par les devoirs d'une charge, par une tâche qu'on s'impose à soi-même. *Asservir* exige, d'un côté, une puissance irrésistible ou un pouvoir tyrannique, et de l'autre, une extrême dépendance, une dure contrainte. On est *asservi* par des conquérans barbares, par des despotes, par des passions violentes, par des devoirs ou des besoins sans cesse renaissans et pressans, en un mot, par l'oppression.

Soupçon, suspicion.

C'est tout au plus une connaissance fort incertaine, ou peut-être une vaine imagination.

Soupçon est le terme vulgaire : *suspicion* est un terme de palais. Le *soupçon* roule sur toutes sortes d'objets ; la *suspicion* tombe proprement sur les délits. L'un peut être sans fondement ; l'autre doit avoir quelque fondement, une raison apparente. Le *soupçon* fait qu'on est *soupçonné* : la *suspicion* suppose qu'on est *suspect*.

Suspecter désigne dans l'objet un sujet de le soupçonner. La défiance *soupçonne* les gens même qui n'ont donné aucun lieu au soupçon : la prudence *suspecte* ceux qui ont donné matière à la *suspicion*.

Souris, sourire.

Le *souris* est proprement un acte, l'effet particulier de *sourire* ou du *sourire*. Le *sourire* est l'action spécifique de *sourire*, la manière habituelle de *sourire*, ou enfin une espèce de *rire*.

Le *sourire* est la manière d'exprimer une joie douce, modeste, délicate, de l'ame ; le *souris* en est l'expression actuelle et passagère.

On applique plutôt les qualifications morales au *souris*, et les qualifications physiques au *sourire*. Vous ne concevez pas le *souris* sans une intention, un motif, un sentiment, une pensée qui l'anime : vous concevez le *sourire* comme un jeu naturel de la figure, comme un trait ou une habitude du corps, comme un genre d'action physique familier à l'homme.

Le *souris* est au *sourire* ce que l'accent est à la voix : il n'est qu'un acte léger, un trait fugitif ; au lieu que le *sourire* est une action suivie, un état de la chose.

Le *sourire* doit être naturel ; sinon, c'est une grimace : le *souris* est naïf ; il échappe du cœur, à moins qu'il ne soit malin.

Souvent, fréquemment.

Souvent n'indique que la pluralité des actes ; *fréquemment* annonce une habitude formée. Vous faites *souvent* ce qui n'est pas

M 6

rare, ce qu'il est ordinaire que vous fassiez ; vous faites *fréquemment* ce que vous êtes le plus accoutumé à faire, ce que vous faites sans cesse.

Ce qui ne revient pas *souvent* est plus ou moins rare ; ce qui ne revient pas *fréquemment* peut être néanmoins ordinaire.

Fréquemment indique proprement une action, ce qu'on fait ; et *souvent* indique également l'action et l'état, ce qui se fait ou ce qui est. On fait *souvent* ou *fréquemment* certaines choses ; on est *souvent* ou *fort souvent*, et non *fréquemment*, dans une situation.

STABILITÉ, CONSTANCE, FERMETÉ.

La *stabilité* empêche de varier ; la *constance* empêche de changer ; la *fermeté* empêche de céder. C'est par *stabilité* qu'on reste dans les mêmes sentimens ; par *constance* qu'on y persévère ; par *fermeté* qu'on résiste aux attaques portées au cœur.

STÉRILE, INFERTILE.

Stérile, qui ne produit, ne porte, ne rapporte rien, aucun fruit, quoiqu'il soit de nature à produire. *Infertile*, qui n'est pas *fertile*, qui ne porte guère, qui rend fort peu, rien ou presque rien. *Stérile* est donc par lui-même plus exclusif qu'*infertile*.

Une femme *stérile* est celle qui ne fait point d'enfant, et qui ne paraît point capable d'en avoir. On ne dira pas qu'elle est *in-fertile*, parce qu'en parlant d'une femme, on dit qu'elle est *féconde* et non *fertile*.

Une terre inculte, qui ne produit rien, ou du-moins rien pour notre usage, s'appelle *stérile* : une terre cultivée, mais qui ne paye pas assez les avances de la culture, n'est qu'*infertile*.

Un sujet *stérile* pour l'un, ne sera qu'*in-fertile* pour l'autre.

Le mot *stérile* indique un principe de *sté-rilité*, l'aridité, la sécheresse; *infertile* n'in-dique proprement que le fait, la rareté ou la disette des productions, sans désigner la cause de l'*infertilité*. *Stérile* est opposé à *fécond* ; *infertile* est la négation de *fertile*.

Au figuré, *infertile* ne se dit guère que de l'esprit et d'une matière à traiter. *Stérile* y est, au contraire, d'un grand usage. La gloire est *stérile*, quand on n'en retire aucun fruit : un travail est *stérile*, quand il ne rapporte aucun avantage : des louanges *stériles* sont perdues : un siècle est *stérile* en vertus et en grands hommes.

Stoïcien, stoïque.

Stoïcien signifie qui appartient à la secte philosophique de Zénon ; *stoïque* veut dire conforme aux maximes de cette secte. *Stoï-cien* va proprement à l'esprit et à la doc-trine; *stoïque*, à l'humeur et à la conduite.

Les opinions, les maximes *stoïciennes* sont celles que Zénon ou ses disciples ont enseignées. Une vertu *stoïque* est une vertu courageuse et inébranlable.

SUBREPTICE, OBREPTICE.

Ces termes, usités seulement en style de chancellerie, caractérisent l'un et l'autre des grâces, des lettres, des titres obtenus par surprise.

Il y a *obreption*, lorsque l'impétrant avance dans son exposé un fait faux, mais qu'il peut ne savoir pas être tel; et le titre est alors *obreptice*. Il y a *subreption*, lorsque l'impétrant, glissant adroitement, subtilement dans son exposé un fait qu'il sait être faux, obtient ce qu'il n'aurait pas obtenu sans cela; et le titre est alors *subreptice*. L'*obreption* ne suppose pas nécessairement la mauvaise foi; celle-ci existe toujours dans la *subreption*.

L'Académie, et, d'après elle, M. Roubaud, ne donnent pas des mots *obreptice* et *subreptice* une définition tout-à-fait semblable à celle qu'on vient de lire; mais il nous paraît que la signification du verbe latin *obrepere* (avancer, mettre en avant, présenter adroitement) et celle du verbe *subrepere* (glisser, couler adroitement, doucement, insinuer à la dérobée) justifient pleinement la distinction que nous établissons ici entre *obreptice* et *subreptice*, *obreption* et *subreption*.

SUBSISTANCE, NOURRITURE, ALIMENS.

Le premier a un rapport particulier au besoin: on fait des provisions pour la *subsistance*.

Le second a rapport à la satisfaction de ce besoin : on apprête à manger pour la *nourriture*.

Le troisième a rapport à la manière de le satisfaire : on choisit, entre les mets, les *alimens* convenables.

SUBSISTANCE, SUBSTANCE.

Ces deux termes ont également rapport à la nourriture et à l'entretien de la vie.

La *subsistance* est proprement ce qui sert à nourrir, à entretenir, à faire subsister, de quelque part qu'on le reçoive. La *substance* est tout le bien qu'on a pour subsister étroitement, ce qui est absolument nécessaire pour pouvoir se nourrir et vivre.

Combien de partisans s'engraissent de la pure *substance* du peuple, et mangent en un jour la *subsistance* de cent familles !

SUBSISTANCES, DENRÉES, VIVRES.

Les *subsistances* sont les productions de la terre qui nous font *subsister*, qui maintiennent la durée de notre existence.

Les *denrées* sont des productions ou les espèces de *subsistances* qui entrent dans le commerce journalier, et qui se vendent couramment en argent.

Les *vivres* sont les espèces de *subsistances* et de *denrées* qui nous font vivre, ou qui alimentent et reproduisent pour ainsi dire, chaque jour, notre *vie* par la nourriture.

Les *subsistances* embrassent nos besoins réels, et sur-tout les divers objets de nécessité. Les *denrées* sont des objets d'un commerce journalier et d'une consommation commune. Les *vivres* se bornent à la nourriture et aux consommations journalières.

Un pays est fertile en *subsistances*. Un marché est pourvu de *denrées*. Une place est approvisionnée de *vivres*.

Le cultivateur produit toutes les *subsistances* ; le vendeur ou le marchand débite les *denrées* produites par l'agriculture. Le pourvoyeur amasse des *vivres* que l'art apprête. Les *subsistances* servent à nourrir, à vêtir, à chauffer, à éclairer, à conserver. Il y a de menues *denrées*, comme les fruits, les légumes, les racines, les œufs, le laitage ; et de grosses *denrées*, comme les blés, les vins, le foin, etc. Dans les *vivres*, il y a les alimens proprement dits, les grains, la viande, le lait, etc. ; et les autres objets qui ne sont qu'utiles à la digestion ou agréables au goût, comme certaines boissons, le sel et les épices, la plupart des herbages et des fruits.

SUGGESTION, INSPIRATION, INSINUATION, INSTIGATION, PERSUASION.

Suggérer, mettre pour ainsi dire sourdement dans l'esprit ce qui n'y vient pas.

Inspirer, introduire dans l'esprit d'une manière insensible.

Insinuer, faire passer adroitement, artificieusement dans l'esprit.

Instiguer, exciter, aiguillonner fortement quelqu'un à faire une chose.

Persuader, gagner entièrement l'esprit.

La *suggestion* est une manière cachée ou détournée de prévenir et d'occuper l'esprit de quelqu'un de l'idée qu'il n'aurait pas.

L'*inspiration* est un moyen insensible et pénétrant de faire naître dans l'esprit de quelqu'un des pensées, ou dans son cœur des sentimens qui semblent y naître comme d'eux-mêmes.

L'*insinuation* est une manière subtile et adroite de se glisser dans l'esprit de quelqu'un, et de s'emparer de sa volonté sans qu'il s'en doute.

L'*instigation* est un moyen stimulant et pressant d'exciter secrètement quelqu'un à faire ce à quoi il répugne et résiste.

La *persuasion* est le moyen puissant et victorieux de faire croire fermement ou adopter pleinement à quelqu'un ce qu'on veut, plus par le charme du discours ou de la chose qui intéresse et gagne, que par la force des raisons qui convainquent et subjuguent.

On cède, on obéit à la *suggestion*. On est saisi, agité par l'*inspiration*. On se laisse aller à l'*insinuation*. On se défend en vain contre l'*instigation*. On ne résiste point à la *persuasion*.

Suggestion, *instigation* et *instiguer* ne se

prennent que dans un sens odieux. *Suggérer* se prend quelquefois en bonne part.

Suivre les exemples, imiter les exemples.

Suivre l'exemple, *les exemples*, ne se dit qu'en matière de conduite et de mœurs. En fait d'arts ou de belles-lettres, on dit *imiter un exmple*, *les exemples*. L'art *imite* des modèles ; les mœurs *suivent* une marche.

On *suit les exemples* de celui qu'on prend pour guide, pour règle ; on *imite les exemples* de celui qu'on prend pour modèle, pour type. C'est sur-tout la confiance qui fait qu'on *suit* ; c'est l'émulation qui fait qu'on *imite.*

Superbe, orgueil.

Superbe enchérit visiblement sur *orgueil :* la *superbe* n'est pas l'*orgueil* tout pur, comme le *superbe* n'est pas simplement *orgueilleux.* L'*orgueilleux* est plein de soi ; mais le *superbe* en est tout bouffi. Le *superbe* est un *orgueilleux* arrogant qui, par son air et ses manières, affecte sur les autres une supériorité humiliante.

La *superbe* est donc un *orgueil superbe*, ou arrogant, insolent, fastueux, dédaigneux.

L'*orgueil*, quelquefois fin et subtil, se déguise de mille manières. La *superbe*, sans adresse, sans pudeur, a toujours son enseigne déployée.

L'*orgueil* se trouve par-tout, dans toutes les conditions, dans toutes les ames : la *su-*

perbe n'est faite que pour un état brillant des avantages de la fortune, pour des ames vaines. Le pauvre peut être *orgueilleux ;* comment serait-il *superbe ?*

SUPPLÉER UNE CHOSE, SUPPLÉER à UNE CHOSE.

Vous *suppléez la chose* même qui manque : vous *suppléez à la chose* qui manque par un équivalent. Il faut exactement remplir la place de ce qu'on *supplée ;* il suffit de produire à peu près le même effet que la chose *à* laquelle on *supplée.*

Vous *suppléez* ce qui manque pour parfaire une somme de cent francs, en fournissant le déficit. La valeur *supplée au* nombre d'une troupe inférieure à celle de l'ennemi.

SUPPOSITION, HYPOTHÈSE.

La *supposition* est une proposition qu'on pose comme vraie ou comme possible, afin d'en tirer ensuite quelque induction.

L'*hypothèse* est la *supposition* d'une chose, soit possible, soit impossible, de laquelle on tire une conséquence.

L'*hypothèse* est une *supposition* purement idéale ; tandis que la *supposition* se prend pour une proposition vraie ou avouée. L'*hypothèse* est au moins précaire ; vous ne dites point que la chose soit ou puisse être. La *supposition* est gratuite ; vous ne prouvez point que la chose soit ou puisse être.

L'*hypothèse* se prend souvent pour un

assemblage de propositions ou de *suppositions* liées, ordonnées de manière à former un corps ou un système. Les systêmes de Leibnitz, de Descartes, sont des *hypothèses* et non des *suppositions.*

Hypothèse est un terme scientifique. *Supposition* entre jusque dans le discours ordinaire ou dans la conversation commune. Vous tâchez d'éclaircir les grands mystères de la nature par des *hypothèses*, et vos idées particulières par des *suppositions.*

Dans une acception morale, et en mauvaise part, *supposition* signifie allégation, production fausse, chose feinte ou controuvée pour nuire : *supposition* de nom, de pièces, de personne.

SUPRÊME, SOUVERAIN.

C'est l'idée de puissance qui forme l'idée distinctive et caractéristique du *souverain*, tandis que l'idée seule d'élévation, de la plus haute élévation, se trouve dans le mot *suprême.* L'autorité indépendante et absolue fait le *souverain* et la *souveraineté* ; et sans doute cette autorité est *suprême*, puisqu'il n'y a point de pouvoir et de droit qui ne soit au-dessus d'elle. Tout est inférieur en rang à ce qui est *suprême* ; tout est soumis à l'influence de ce qui est *souverain.* Il faut s'abaisser, s'humilier devant ce qui est *suprême* ; il faut céder, obéir à ce qui est *souverain.*

Le bien *suprême* est le plus grand que vous puissiez obtenir : le *souverain* bien est celui qui remplit du sentiment de tous les vrais biens toute la capacité de votre ame.

Sûr, assuré, certain.

Certain semble mieux convenir à l'égard des choses de spéculation, et par-tout où la force de l'évidence à lieu. On est *certain* d'un point de science. On doute de ce qui n'est pas *certain*.

Sûr est à sa place dans les choses qui concernent la pratique, et dans tout ce qui sert à la conduite. On se défie de ce qui n'est pas *sûr*.

Assuré a un rapport particulier à la durée des choses et au témoignage des hommes. Une fortune est *assurée*.

Surface, superficie.

Le dehors, la partie extérieure et sensible des corps.

On dit *surface* quand on ne veut parler que de ce qui est extérieur et visible, sans aucun égard à ce qui ne paraît point. On dit *superficie*, par opposition du dehors au dedans ou avec ce qui ne paraît pas.

Celui qui fait des excursions légères dans tous les genres de connaissances, sans en approfondir aucun, ne sait que la *superficie* des choses, n'en a que des notions *superficielles*.

Surprendre, étonner.

Surprendre, *prendre sur* le fait lorsqu'on ne s'y attend pas, à l'improviste, au dépourvu : *étonner*, frapper, émouvoir, ébranler par un grand bruit, par une grande cause. Au physique, ce verbe explique une violente commotion, un fort ébranlement.

La *surprise* naît de la présence subite d'un objet inattendu, inopiné, imprévu. L'*étonnement* vient du coup violent frappé par un objet puissant, extraordinaire, irrésistible. Comme les choses prévues et calculées ne *surprennent* point, elles n'*étonnent* pas. Les choses imprévues ne nous *étonnent* pas, quoiqu'elles nous *surprennent*, lorsqu'elles ne sont pas de nature à nous émouvoir fortement. La même chose *surprend* comme inattendue, tandis qu'elle *étonne* comme éclatante.

Il y a des *surprises* agréables et légères ; mais l'*étonnement* n'a rien que de grand et de fort. L'*étonnement* est une extrême *surprise*, mêlée de crainte, d'admiration, d'effroi, de ravissement, ou de tel autre sentiment distingué par un caractère de grandeur et de force.

Le singulier vous *surprend* ; le merveilleux vous *étonne*. Un trait d'esprit nous *surprend* ; un coup de génie nous *étonne*. Si vous avez calculé les possibles, l'événement ne vous *surprend* pas : dès que vous connaissez les causes, les effets ne vous *étonnent* plus.

On dit *s'étonner* et non se *surprendre* de
quelque chose. Il paraît donc que nous sommes quelquefois actifs dans l'*étonnement*, et
seulement passifs dans la *surprise*. Si un évènement, par lui-même, au premier aspect, sans
le secours du raisonnement ou de la réflexion,
vous cause de l'*étonnement*, vous en êtes
étonné. Lorsque votre *étonnement* n'est produit que par des considérations particulières
de votre esprit, par un examen raisonné,
par un jugement critique, *vous vous en
étonnez*.

S̲urprendre, tromper, leurrer, duper.

Faire donner dans le faux.

Surprendre, c'est y faire donner par adresse,
en saisissant la circonstance de l'inattention à
distinguer le vrai. *Tromper*, c'est y faire
donner par déguisement, en donnant au faux
air la figure du vrai. *Leurrer*, c'est y faire
donner par les appâts de l'espérance. *Duper*,
c'est y faire donner par habileté, en faisant
usage de ses connaissances aux dépens de ceux
qui n'en ont point, ou qui en ont moins.

Celui qui nous *surprend*, induit notre esprit en erreur. Celui qui nous *trompe*, blesse
la probité ou la fidélité. Ce qui nous *leurre*,
attaque directement notre attente ou notre
désir. *Duper* a pour objet les choses où il est
question d'intérêt et de profit.

Survivre à quelqu'un , survivre quelqu'un.

Survivre quelqu'un, usité proprement au palais, doit être banni du discours ordinaire. L'usage, conforme à la valeur des mots, est pour *survivre à quelqu'un. Survivre quelqu'un* se dit de la personne dont la vie ou l'existence avait des rapports très-particuliers, très-intimes, très-intéressans, avec celle de la personne qui meurt la première. Une femme *a survécu* son mari ; un père *a survécu* ses enfans.

Un homme qui *survit* à sa considération, à sa fortune, à sa réputation, à son honneur, à sa gloire, *se survit à lui-même*, et, pour plus de grâce et d'énergie, *se survit lui-même :* expression qui rend admirablement bien l'opposition qui existe alors entre l'existence physique et l'existence morale.

T

T

TACT, TOUCHER, ATTOUCHEMENT.

CES trois termes sont relatifs à la sensibilité répandue sur la surface du corps, et excitée par l'action immédiate d'un objet physique sur les houppes nerveuses.

Le *tact* est proprement le sens qui reçoit l'impression des objets, comme la vue, l'ouïe, le goût, l'odorat. Le *toucher* est l'action de ces sens, l'exercice de toucher, de palper, de manier; c'est le sens actif. L'*attouchement* est l'acte de toucher, de palper, l'application particulière du sens actif ou de l'organe, et particulièrement de la main.

Un corps vous touche, et le sens du *tact* éprouve une sensation analogue à la qualité palpable du corps froid ou chaud, dur ou mou, etc. Vous *touchez* un corps, et par cette action du *toucher*, vous cherchez à connaître et à éprouver ces différentes qualités, ou à produire vous-même divers effets sur les corps. Vous *touchez* à un corps; et par le simple *attouchement*, vous éprouvez ou vous produisez vous-même tel effet.

C'est au *tact* que l'on attribue les qualités distinctives du sens ou de l'organe : on dit la finesse, la grossièreté, la délicatesse du *tact*. C'est au *toucher* que vous reconnaissez la qualité des choses : un corps est doux ou rude

Tome II. N

au *toucher*. C'est par l'*attouchement* que vous distinguez les circonstances particulières de tel acte relativement à tel objet : l'*attouchement* est un toucher léger, un maniement doux, analogue à l'idée de palper, ou simplement l'action douce et légère de *tâter*, et avec l'intention propre à l'être animé.

Au figuré, *tact* exprime un jugement de l'esprit, prompt, subtil, juste, qui semble prévenir le jugement et la réflexion, et provenir d'un goût, d'un sentiment, d'une sorte d'instinct droit et sûr. *Toucher* ne se dit qu'au physique. Nous donnons pour l'ordinaire à l'*attouchement* un sens moral et mauvais : *attouchemens* déshonnêtes, impudiques.

TAILLE, STATURE.

Taille désigne la grandeur, l'étendue figurée, ainsi que la coupe, la configuration, la forme de la chose coupée, *taillée*, dessinée d'une certaine manière. Nous considérons simplement dans la *stature* la hauteur, toute la hauteur du corps. On est d'une *taille* ou d'une *stature* haute ou moyenne, ou petite ; mais la *taille* est noble ou fine, belle ou difforme, bien ou mal prise, svelte ou lourde, et non la *stature*.

Nous ne nous servons guère du mot *stature* qu'en parlant de la grandeur de quelque nation, et nous disons *taille*, lorsqu'il s'agit d'une personne en particulier. Les Gaulois

étaient d'une *stature* élevée. Alexandre était
de petite *taille*.

Taire, céler, cacher.

Taire marque le pur silence qu'on garde
sur la chose; *céler*, le secret qu'on en fait;
cacher, le mystère dans lequel on veut l'en-
sévelir.

Pour *taire* une chose, il suffit de ne pas
la dire. Pour la *céler*, il faut non-seulement
la *taire*, mais encore avoir une intention
formelle de ne point la manifester, et une
attention particulière à ne point se *déceler*.
Pour la *cacher*, on est obligé, non-seulement
de la *céler*, mais même de la renfermer dans
le fond de son cœur, et de l'envelopper de
manière qu'elle ne puisse être découverte.

se Tapir, se blotir.

Se tapir, c'est se cacher derrière quelque
chose qui vous couvre, et en prenant une
posture raccourcie et resserrée. On *se tapit*
derrière un buisson ou dans un coin pour
n'être pas vu.

Se blottir exprime proprement l'action de
s'accroupir, de se ramasser, de se rouler sur
soi-même. Un enfant est tout *blotti* ou cou-
ché en rond dans son lit, et il n'a pas eu
l'intention de se cacher. Le froid fait naturellement qu'on se *blottit*. Le lièvre *se tapit*, se
renferme dans son gîte; la perdrix *se blottit*,

se pelotonne, pour ainsi dire, devant le chien
couchant.

TAPISSERIE, TENTURE. -

La *tapisserie* est faite pour couvrir quelque
chose, et la *tenture* pour être tendue sur
quelque chose. La *tapisserie* est un genre
d'étoffe en canevas, en tissu, destiné à couvrir les murs d'une chambre et à la parer : la
tenture est un tissu, un objet quelconque,
employé à être tendu sur les murs et à produire le même effet. La *tapisserie* tient au
mur, elle y est collée : la *tenture* le couvre
sans y tenir. -

TARDER, DIFFÉRER.

L'idée propre de *tarder* est celle d'être,
de demeurer long-temps à venir, à faire ; et
l'idée de *différer*, celle de remettre, de ren-
voyer à un autre temps, à un temps plus
éloigné. On *tarde* en ne se pressant pas de
faire ou en faisant lentement, sans prendre
un certain terme : on *diffère* en renvoyant
la chose à un autre temps, ou fixe ou indéterminé. On *tarde* souvent sans le vouloir ;
c'est toujours volontairement qu'on *diffère*.

Tarder n'a point d'objet : on ne *tarde*
point, on *retarde* une jouissance, une entreprise, un voyage.

T AS , MONCEAU.

Assemblage de plusieurs choses placées les unes sur les autres.

Le *tas* peut être rangé avec symétrie, le *monceau* n'a d'autre arrangement que celui que le hasard lui donne.

Tas marque toujours un amas fait exprès, afin que les choses n'étant point écartées occupent moins de place : *monceau* ne désigne quelquefois qu'une portion détachée par accident d'une masse ou d'un amas.

On dit un *tas* de pierres préparées pour bâtir, et un *monceau* de pierres, lorsqu'elles sont les restes d'un édifice renversé.

TAUX , TAXE , TAXATION.

Détermination de quelque valeur pécuniaire.

Le *taux* est cette valeur même ; la *taxe* est le règlement qui la détermine ; la *taxation* est l'action de la déterminer, l'opération de *taxer*.

On dit du *taux* qu'il est trop haut ou trop bas ; de la *taxe*, qu'elle est trop faible ou trop forte ; et de la *taxation*, qu'elle est régulière ou irrégulière.

On appelle *taxations*, au pluriel, certains droits fixes attribués à quelques officiers qui ont le maniement des deniers publics.

TAVERNE, CABARET, GUINGUETTE, AUBERGE,
HÔTELLERIE.

Lieux ouverts au public, où chacun, pour son argent, trouve des choses nécessaires et utiles.

Les trois premiers indiquent proprement des lieux où l'on trouve des vivres, et les deux derniers, des lieux où l'on trouve des logemens.

On donne à manger et à boire dans les *cabarets*.

La *taverne* a quelque chose de plus bas que le *cabaret* : on y vend du vin, sans y donner à manger.

La *guinguette* est un petit *cabaret* où le petit peuple va boire du petit vin.

La destination naturelle du *logis*, de l'*auberge*, de l'*hôtellerie*, est de *loger*, d'*héberger*, de recevoir des hôtes.

Logis est un mot vague et générique ; il indique un lieu où l'on s'arrête, où l'on demeure, où l'on prend son logement : on y mange ou on n'y mange pas.

L'*auberge* est un lieu connu où on loge : quelquefois on ne fait qu'y manger.

L'*hôtellerie* est une maison où un hôte reçoit des hôtes, des étrangers, des passans, des voyageurs, qui y sont logés, nourris et couchés pour leur argent. Les *hôtelleries* ont remplacé les hospices.

TEL., PAREIL, SEMBLABLE.

Termes de comparaison. Achille, *tel* qu'un lion, *pareil* à un lion, *semblable* à un lion, poursuivait les Troyens.

Tel désigne l'objet qui est de même qu'un autre, qui a les mêmes qualités et les mêmes rapports, qui est parfaitement conforme. *Tel fut le discours d'Annibal à Scipion. Tel maître, tel valet.*

Pareil désigne des choses qui, sans être rigoureusement égales entre elles et les mêmes, ont néanmoins de si grands rapports, qu'elles peuvent être mises en parallèle, être comparées ensemble, de manière que l'une ne paraisse pas céder à l'autre.

Semblable dit moins que *pareil*, et *pareil* moins que *tel*.

Un objet *tel* qu'un autre ne diffère pas de celui-ci : un objet *pareil* à un autre ne le cède point à celui-ci : un objet *semblable* à un autre s'assortit avec celui-ci.

Tel sert proprement à fixer l'idée de la chose par la comparaison exacte avec un objet connu. *Pareil* sert à estimer dans la balance le prix de la chose par la comparaison juste avec un objet apprécié. *Semblable* sert à donner une sorte de représentation de la chose, par la comparaison sensible avec un objet familier.

TEMPLE, ÉGLISE.

Édifice destiné à l'exercice public du culte religieux.

Temple est du style pompeux et de toutes les religions ; *église* est du style ordinaire, et seulement de la religion romaine.

Temple paraît exprimer quelque chose d'auguste, et signifier proprement un édifice consacré à la divinité. *Église* paraît marquer quelque chose de plus commun, et signifier particulièrement un édifice fait pour l'assemblée des fidèles.

TERMES, LIMITES, BORNES.

Le *terme* est un point ; les *limites* sont une ligne ; les *bornes*, un obstacle.

Le *terme* est où l'on peut aller. Les *limites* sont ce qu'on ne doit pas passer. Les *bornes* sont ce qui empêche de passer outre.

Le *terme* et les *limites* appartiennent à la chose ; ils la finissent. Les *bornes* lui sont étrangères ; elles la renferment dans le lieu qu'elle occupe, ou la contiennent dans sa sphère.

TERMES PROPRES, PROPRES TERMES.

Les uns et les autres sont ceux qui conviennent à la circonstance pour laquelle on les emploie.

Les *termes propres* sont ceux que l'usage

a consacrés pour rendre précisément les idées que l'on veut exprimer.

Les *propres termes* sont ceux mêmes qui ont été employés par la personne que l'on fait parler, ou par l'écrivain que l'on cite.

TERREUR, ÉPOUVANTE, EFFROI, FRAYEUR.

Tous ces mots indiquent une grande peur.

La *terreur* est une violente peur, qui, causée par la présence ou l'annonce d'un objet redoutable, abat le courage, et jette le corps dans un tremblement universel.

L'*épouvante* est une grande peur, causée par un objet ou un appareil extraordinaire, accompagnée d'un grand trouble, et ne permettant pas la délibération.

L'*effroi* est une peur extrême, qui, causée par un objet horrible, renverse également les sens et l'esprit.

La *frayeur* est un violent accès de peur, qui, causé par l'impression subite d'un objet surprenant, fait frissonner le corps, et trouble toutes nos pensées.

Frayeur n'exprime que la sensation imprimée, ou l'effet produit, sans être jamais appliqué à la cause. On ne dit pas qu'un tyran est la *frayeur* de ses peuples, comme il en est l'*effroi*, l'*épouvante*, la *terreur*.

TÊTE, CHEF.

Dans le sens figuré, *tête* convient mieux lorsqu'il est question de place ou d'arrangement : la *tête* d'un bataillon, d'un bâtiment, d'une armée. *Chef* s'emploie très-proprement lorsqu'il s'agit d'ordre ou de subordination. *chef* d'une entreprise, d'un parti; commander en *chef*.

TÊTU', ENTÊTÉ, OPINIÂTRE, OBSTINÉ.

Le *têtu* a une *tête*, un esprit, une humeur raide, absolue, décidée; il veut tout ce qu'il veut : vous ne l'empêcherez pas d'en croire et d'en faire à sa *tête*.

L'*entêté* a fortement une chose en *tête*; il croit ce qu'il croit; vous ne lui ôterez pas de l'esprit ce qu'il y a mis une fois.

L'*opiniâtre* est excessivement attaché à son opinion, à sa pensée; il veut avoir raison contre toute raison; vous le convaincriez de la fausseté de son opinion, qu'il la soutiendrait encore.

L'*obstiné* tient invariablement à une chose; il veut, malgré tout ce qu'on lui oppose; et la contradiction ne fait que l'attacher davantage à ce qu'il veut.

Une humeur capricieuse et volontaire fait le *têtu*. Un petit esprit, quelque intérêt d'amour-propre ou autre, font l'*entêté*. L'ignorance, la présomption, une mauvaise honte font l'*opiniâtre*. L'indocilité de l'esprit, l'inflexibilité du caractère, l'impatience de la contradiction, font l'*obstiné*.

De toutes ces qualifications, *opiniâtre* est

la seule qui puisse n'être pas toujours prise en
mauvaise part.

TIC, MANIE.

Le *tic* est proprement une mauvaise habitude du corps à laquelle on est attaché et comme
cloué ; on ne peut s'en défaire. De mauvais
gestes habituels, des grimaces, des habitudes
ridicules, comme de se rogner les ongles, sont
des *tics*.

La *manie* est une espèce de folie : en adou-
cissant le mot, c'est une passion bizarre, un
goût immodéré, une attache excessive et singulière. Un homme a la *manie* des tableaux,
des livres, des fleurs, des chevaux, etc.

Le *tic* regarde proprement les habitudes du
corps, et la *manie* les travers de l'esprit.
Le *tic* est désagréable ; la *manie* est dérai-
sonnable. On voudrait se défaire de son *tic* ;
on se complaît dans sa *manie*.

Tic s'emploie quelquefois au figuré ; c'est
alors une petite *manie*, plus puérile, plus ridicule que digne d'une censure sérieuse et
sévère.

Les petits esprits sont sujets à des *tics* ; et
les personnes ardentes, à des *manies*.

TISSU, TISSURE, TEXTURE, CONTEXTURE.

Le *tissu* est l'ouvrage *tissu*, l'étoffe, la toile,
le tout formé par l'entrelacement de différens
fils, avec plus ou moins de longueur et de largeur.

N 6

La *tissure* est la qualité donnée au *tissu*, à l'ouvrage, par le travail ou la manière d'unir et de lier les fils ensemble. Un *tissu* est de soie, de laine, de fil, de cheveux ; la *tissure* en est lâche ou serrée, égale ou inégale, etc.

Tissu et *tissure* expriment le travail particulier de *tisser*, et diffèrent par là de *texture* et *contexture*, qui, réduits à l'idée de la liaison et de l'union des parties d'un tout, avec l'apparence du *tissu* proprement dit, n'exigent pas l'entrelacement.

La *texture* est l'ordonnance ou l'économie résultante de la disposition et de l'arrangement des parties d'un tout. La *contexture* est l'ordonnance et la concordance des rapports que les parties ont les unes avec les autres et avec le tout. Vous considérez la *texture* ou du tout ou des parties ; vous considérez la *contexture* particulière des parties d'où résulte l'ensemble et sa *texture*.

Au figuré, *tissu* désigne une suite d'actions, de discours, de choses enchaînées les unes aux autres : le *tissu* d'un discours, un *tissu* de crimes. *Tissure* n'est usité qu'au propre.

Texture et *contexture* expriment la liaison et l'arrangement des différentes parties d'un discours, d'un poème ; mais vous direz fort bien la *texture* d'une partie, et la *contexture* de toutes les parties ou du tout.

TOLÉRER, SOUFFRIR, PERMETTRE.

On *tolère* les choses, lorsque les connaissant et ayant le pouvoir en main, on ne les empêche pas. On les *souffre*, lorsqu'on ne s'y oppose pas, faisant semblant de les ignorer, ou ne pouvant les empêcher. On les *permet*, lorsqu'on les autorise par un consentement formel.

TOMBE, TOMBEAU, SÉPULCRE, SÉPULTURE.

Lieux où l'on dépose les morts.

La *tombe* et le *tombeau* sont élevés ; le *tombeau* est plus élevé que la *tombe*.

Sépulcre et *sépulture* se distinguent de *tombe* et de *tombeau* par l'idée contraire à celle d'élévation. La *sépulture* est le lieu où les corps morts sont, suivant leur destination, mis en terre et renfermés. Le *sépulcre* est tout lieu qui renferme profondément et retient à jamais un corps, qui l'engloutit.

La *tombe* et le *tombeau* sont des monumens élevés sur les *sépulcres* : l'une est la table de pierre, de marbre, ou de toute autre matière placée au-dessus de la fosse qui a reçu les ossemens, ou qui contient les cendres des morts ; l'autre est une sorte d'édifice ou d'ouvrage de l'art érigé à l'honneur des morts. Ainsi, la *tombe* est humble, simple, modeste, devant le *tombeau*.

Le *sépulcre* et la *sépulture* ne sont que des

fosses creusées et des souterrains fermés pour cacher ou dérober les restes des morts. Les idées douces et touchantes de la *sépulture* cèdent, à l'égard du *sépulcre*, à des idées d'horreur et d'effroi. Nous allons prier et pleurer dans les *sépultures*; nous allons voir le néant de la vie et du monde, et de l'être, dans les *sépulcres*. La *sépulture* conserve toujours un caractère religieux; mais ce caractère n'est point essentiel au *sépulcre*. Enfin, la *sépulture* est commune à plusieurs, à un peuple, à une famille; chaque mort a son *sépulcre*.

TOMBER PAR TERRE, TOMBER À TERRE.

Tomber par terre se dit de ce qui, étant déjà à terre, tombe de sa hauteur; et *tomber à terre*, de ce qui, étant élevé au-dessus de terre, tombe de haut. Un arbre *tombe par terre*; le fruit de l'arbre *tombe à terre*.

TONNERRE, FOUDRE.

Le *tonnerre* fait le bruit, comme l'éclair la lumière: *foudre* exprime la matière, ses propriétés, ses effets. Le *tonnerre* est une explosion terrible qui se fait dans les airs; il *tonne* quand la *foudre* éclate. La *foudre* est le feu du ciel, ce feu électrique qui éclate et s'éteint en jetant une vive lumière, et avec un bruit *étonnant*.

Le *tonnerre* gronde, et ne tombe pas; c'est la *foudre* qui tombe.

Au figuré, on dit voix de *tonnerre*, pour désigner l'éclat de la voix ; et les *foudres* de l'éloquence, pour désigner la force, la véhémence et les effets du discours.

Tors, tortu, tordu, tortué, tortillé.

L'idée commune de ces mots est d'aller en *tournant* au lieu d'aller droit, ou de prendre, au lieu de la direction naturelle, une direction oblique ou détournée.

On dit *fil tors*, *col tors*, *colonne torse*, *sucre tors*. Cet adjectif indique simplement la direction d'un corps qui va en tournant en long et de biais, mais sans marquer un défaut dans la chose *torse* ; il sert à qualifier divers ouvrages tournés ou contournés en vis, en spirale.

Tortu emporte, au contraire, une idée de défaut ou de censure. Un homme contrefait ou fait de travers, mal *tourné*, est *tortu*.

Il n'y a de *tordu* que ce qu'on a *tordu* de force, ou en changeant avec effort sa direction propre et naturelle.

Tortué exprime un rapport à l'action de *tortuer* et à l'évènement de *se tortuer*. Ce verbe signifie tourner en divers sens, fausser, courber, rebrousser des corps solides, qui par là se déforment. Vous *tortuez* une aiguille, la pointe d'un compas, une épingle.

Tortillé vient de *tortiller*, qui veut dire *tordre* à plusieurs tours plus ou moins serrés ; il se dit des corps flexibles, faciles à plier.

On *tortille* des fils, des cheveux, des brins d'osier, de la filasse, du papier.

On peut ajouter à ces mots les deux suivans.

Tortueux, entortillé.

Tortueux, dérivé de *tortu*, se dit de ce qui fait beaucoup de tours et de détours, comme une rivière, un serpent, un chemin qui se détourne pour retourner sur lui-même.

Entortillé, composé de *tortillé*, se dit des choses tournées autour d'une autre, entrelacées avec une autre, ou enveloppées dans une chose *tortillée* ou mêlée du manière confuse.

Tort, injure.

Le *tort* regarde les biens et la réputation; il ravit ce qui est dû. L'*injure* regarde les qualités personnelles; elle impute des défauts. Le premier nuit, la seconde offense.

Tort, préjudice, dommage, détriment.

Le *tort* blesse le droit de celui à qui on le fait. Le *préjudice* nuit aux intérêts de celui à qui on le porte. Le *dommage* cause une perte à celui qui le souffre. Le *détriment* détériore la chose de celui qui le reçoit.

On dit qu'une chose va, tend, tourne, aboutit au *préjudice* ou au *détriment* d'autrui, et non à son *tort* ou à son *dommage*.

Le *tort* se fait proprement aux personnes; ce mot emporte une idée morale. Le *dom-*

mage attaque directement les choses et re-jaillit sur les personnes : l'idée de ce mot est physique. L'idée de *préjudice* est plutôt morale; et celle de *détriment* est proprement physique.

Par le *dommage* et le *détriment* on perd toujours la chose ; ou partie de la chose, ou de la valeur de la chose qu'on possédait; mais souvent par le *tort* ou le *préjudice*, on ne fait qu'empêcher quelqu'un d'acquérir ce qu'il aurait légitimement acquis sans cela.

Touchant, pathétique.

Le *touchant* est ce qui émeut l'ame d'une manière tendre, en la frappant dans un endroit sensible : le *pathétique* est ce qui l'émeut par une suite de sentimens attendrissans.

Le *touchant* s'insinue dans l'ame et la remplit de sentimens conformes à ses plus douces habitudes; le *pathétique* l'arrache à elle-même, à ses propres sentimens, la remue, la déchire, et peut lui faire éprouver des sensations douloureuses.

Un mot peut être *touchant* : le *pathétique* se compose d'une abondance de sentimens qui demandent une expression un peu plus prolongée.

Ce qui est *touchant* peut élever l'ame et s'allier avec l'héroïsme; le *pathétique* l'amollit et ne la dispose qu'à la pitié.

Toucher, émouvoir.

Causer une altération dans l'ame.

L'action de *toucher* fait une impression dans l'ame; l'action *d'émouvoir* lui cause une agitation. L'impression produit l'agitation: ce qui vous *touche*, vous *émeut*; si vous êtes *ému*, vous avez été *touché*.

Ce qui *touche*, excite la sensibilité: ce qui *émeut*, excite une passion. On est *touché* de pitié, de compassion, de repentir; on est *ému* de colère, d'indignation, de peur.

L'adjectif *touchant* désigne, comme *toucher*, ce qui excite la sensibilité; et l'adjectif *pathétique* désigne, comme *émouvoir*, ce qui excite la passion. Le *pathétique* produit des sentimens ou violens ou tendres; le *touchant* ne produit que des sentimens tendres et doux.

Pathétique ne se dit que du discours, des mouvemens, des sons, des accens, du chant: *touchant* se dit également des choses, des objets, des événemens qui affectent le cœur de manière à l'intéresser.

Toucher, manier.

On *touche* plus légèrement; on *manie* à pleine main.

Toujours, continuellement.

Ce qu'on fait *toujours* se fait en tout temps et en toute occasion. Ce qu'on fait *continuel-*

lement se fait sans interruption et sans relâche.

Pour plaire en compagnie, il faut y parler *toujours* bien, mais non pas *continuellement*.

TOUR, TOURNURE.

Le *tour* donne la *tournure :* la chose reçoit la *tournure* donnée par le *tour*. La *tournure* est la forme qui reste à la chose tournée ou changée par un certain *tour*.

Toute forme est un certain *tour* ; mais la *tournure* annonce la forme caractéristique ou habituelle, la manière d'être ou l'état des choses.

Vous direz plutôt un *tour* de phrase, et la *tournure* du style. Les formes ordinaires de la langue ne sont que des *tours ;* mais j'appellerais plutôt *tournures* ces *tours* singuliers qui, contraires aux formes communes, mais reçus, servent, par leur singularité même, à donner plus de force à la couleur, plus de mouvement à la passion, plus de grâce à l'expression.

TOUR, CIRCONFÉRENCE, CIRCUIT.

Le *tour* est la ligne qu'on décrit, ou l'espace qu'on parcourt en suivant la direction courbe des parties extérieures d'un corps ou d'une étendue, de manière à revenir au point d'où l'on était parti. Vous faites le *tour* de votre jardin : des remparts font le *tour* de la ville.

La *circonférence* est la ligne courbe décrite ou formée par les parties d'un corps ou de l'espace, les plus éloignées du centre. Le corps a sa *circonférence*; elle est marquée par l'extrémité de ses parties, de ses rayons.

Le *circuit* est la ligne ou le terme auquel aboutissent, et dans lequel se renferment les parties d'un corps ou d'une étendue, en s'éloignant de la ligne droite, ou en formant des *tours*, des détours, des retours. Une chose fait un *circuit* dans lequel elle se renferme; ou vous tracez le *circuit* qui doit former son enceinte.

Tout, chaque.

Ils désignent également la totalité des individus de l'espèce exprimée par le nom appellatif avant lequel on les place; mais *tout* suppose uniformité dans le détail, et exclut les exceptions et les différences : *chaque*, au contraire, suppose et indique nécessairement des différences dans le détail.

Tout homme a des passions; c'est une suite nécessaire de sa nature. *Chaque* homme a sa passion dominante; c'est une suite nécessaire de la diversité des tempéramens.

Tout, tout le, tout les.

Tout, au singulier, et sans l'article *le* avant le nom appellatif, marque, comme il a été dit à l'article précédent, la totalité des individus de l'espèce signifiée par le nom, et les fait considérer sous le même aspect. *Tout* homme est sujet à la mort.

Avec l'article *le*, *tout* est alors un adjectif qui exprime la totalité, non des individus de l'espèce, mais des parties intégrantes qui constituent l'individu. *Tout* homme est sujet à la mort; mais *tout l'*homme ne meurt pas. Ces deux phrases signifient deux choses bien différentes.

Tous, au pluriel, et avec *les*, reprend la fonction de *tout*, au singulier, et sans article; mais il n'exclut pas, comme *tout*, la possibilité des exceptions. *Tous les* hommes sont sujets à la mort; mais *tous les* hommes ne meurent pas de la même manière.

Tout, le.

Le marque la généralité des individus de l'espèce. *L'*homme est faible et continuellement exposé à de dangereuses tentations.

Tout marque la totalité; mais en fixant l'attention sur un individu de l'espèce, et en indiquant que cet individu ne saurait faire exception à la loi commune. *Tout* homme est mortel.

Traduction, version.

On entend également par ces deux mots la copie qui se fait dans une langue, d'un discours premièrement énoncé dans une autre.

La *version* des septante, la *version* vulgate. La *traduction* de Cicéron, de Virgile, de Quinte-Curce.

La *version* est plus littérale, plus attachée aux procédés propres de la langue originale. La *traduction* est plus occupée du fond des pensées, plus attentive à les présenter sous la forme qui peut leur convenir dans la langue nouvelle, et plus assujétie, dans ses expressions, aux tours et aux idiotismes de cette langue : elle doit rendre la pensée comme on la rendrait dans le second idiome, si on l'avait conçue de soi-même, sans la puiser dans une langue étrangère.

La *version* ne doit être que fidèle et claire. La *traduction* doit avoir de plus de la facilité, de la convenance, de la correction, et le ton propre à la chose, conformément au génie du nouvel idiome.

TRAIN, ÉQUIPAGE.

Le *train* regarde la suite ; et l'*équipage*, le service. On dit un grand *train*, et un bel *équipage*.

TRAÎNER, ENTRAÎNER.

Entraîner, c'est *traîner* en, dans, en ou *avec* soi, dans un lieu ou un nouvel état, malgré l'opposition et la résistance de la chose. *Traîner*, c'est tirer après soi. On *traîne* à sa suite ; on *entraîne* dans son cours.

On *traîne* ce qu'on ne peut pas porter; on *entraîne* ce qui ne veut pas aller.

La guerre *entraîne* avec elle des maux sans nombre, et *traîne* après elle des maux sans fin.

L'action de *traîner* demande sans doute souvent une force qui triomphe d'une résistance; elle est lente quelquefois. L'action d'*entraîner* demande une grande force qui triomphe de toute résistance; elle a un prompt ou un grand effet.

Au figuré, *entraîner* ne désigne plus qu'une violence douce; et *traîner* marquera plutôt une violente contrainte.

Traite, trajet.

La *traite* est proprement l'étendue de l'espace, ou du chemin qu'il y a d'un lieu à un autre, ou entre l'un et l'autre. Le *trajet* est le passage qu'il faut traverser ou franchir pour aller d'un lieu à un autre.

La *traite* vous mène à un lieu; il faut en parcourir la longueur pour arriver au terme. Le *trajet* vous sépare d'un lieu; il faut aller par-delà pour parvenir au terme.

On dit proprement *traite* en parlant de la terre, et *trajet* en parlant des eaux. On dit le *trajet* et non la *traite* de Calais à Douvres. Les eaux coupent le chemin; il faut les passer, les *traverser*; c'est un *trajet*: les chemins de terre sont continus, il faut les suivre; c'est une *traite*.

On dit populairement *trotte* dans le sens de *trajet*.

TRAITÉ, MARCHÉ.

Le *traité* est une convention, un accommodement sur des affaires d'importance, ou sur un *marché* considérable. Le *marché* est le prix de la chose qu'on achète avec des conventions, des conditions.

Le *traité* fixe les conventions et établit les stipulations respectives des parties. Par le *marché*, on s'accorde sur le prix des choses, et l'on fait un échange de valeurs ou de services.

On négocie pour faire un *traité*; on marchande pour faire un *marché*.

TRANCHANT, DÉCISIF, PÉREMPTOIRE.

Ce qui lève, ce qui *tranche*, coupe les difficultés et aplanit les obstacles tout d'un coup, est *tranchant*. Ce qui ne laisse plus de doute, termine la discussion et entraîne le jugement, est *décisif*. Ce contre quoi il n'y a rien à alléguer, ce qui fait tomber l'opposition et interdit la réplique, est *péremptoire*.

Tranchant et *décisif* se disent des personnes. L'homme *tranchant* ne voit point de difficulté : l'homme *décisif* n'a point de doute. A la confiance de celui-ci, l'autre ajoute l'arrogance.

Péremptoire n'est guère usité qu'en style de palais.

Il

Il y a l'homme *décisif* et l'homme *décidé*. On est *décisif* en fait d'opinion et de jugement ; on est *décidé* quant à ses volontés et ses résolutions. L'homme *décisif* juge hardiment ; l'homme *décidé* veut fermement.

Tranquille, calme, posé, rassis.

Être *tranquille*, c'est n'avoir point d'inquiétude ; être *calme*, c'est n'avoir point de passion ; être *posé*, c'est n'avoir point de hâte ; être *rassis*, c'est n'avoir plus d'agitation.

Un homme *rassis* est un homme de sang froid, dont les actions et les jugemens portent le caractère de la réflexion : un homme *posé* est celui qui ne fait rien à la légère, et dont toutes les manières ont certain air de solidité : un homme *tranquille* est celui en qui on trouve la liberté d'un esprit exempt de trouble et d'agitation : un homme *calme* est celui qui possède une sérénité d'ame difficile à troubler.

La *tranquillité* de caractère tient à une sorte d'indifférence sur les évènemens. Une ame *calme* est celle qui se possède assez pour rester immobile au milieu des agitations qui l'environnent. Un caractère *posé* est celui à qui une certaine froideur de tempérament permet d'appuyer sur tout, sans se laisser jamais emporter par rien. Pour être *rassis*, il faut avoir été troublé, emporté par un mouvement quelconque, et être revenu à un état plus *calme*.

TRANQUILLITÉ, PAIX, CALME.

Situation exempte de trouble et d'agitation.

Tranquillité ne regarde que la situation en elle-même, et dans le temps présent, indépendamment de toute relation : *paix* regarde cette situation par rapport au dehors, et aux objets qui pourraient l'altérer : *calme* la regarde par rapport à l'évènement, soit passé, soit futur ; en sorte qu'il la désigne comme succédant à une situation agitée, ou comme la précédant.

On a la *tranquillité* en soi-même, la *paix* avec les autres, et le *calme* après l'agitation.

TRANSCRIRE, COPIER.

Transcrire signifie écrire une seconde fois, transporter sur un autre papier, porter d'un livre dans un autre. *Copier*, c'est, à la lettre, multiplier la chose, en tirer un double ou des doubles, former des exemplaires pour multiplier la chose, l'avoir en abondance.

Vous *transcrivez* pour mettre au net, en forme, en règle, en état, dans un endroit convenable. Vous *copiez* pour multiplier, distribuer, répandre, conserver.

Transcrire annonce une conformité littérale, exacte ; *copier* ne désigne quelquefois qu'une ressemblance plus ou moins frappante.

TRANSES, ANGOISSES.

La *transe* est l'effet qu'une grande peur produit sur l'esprit, comme le grand froid sur le corps : on est *transi* de peur, lorsque la peur nous saisit de manière à nous faire trembler, à éteindre notre activité, à nous glacer.

Les *angoisses* désignent un état de peine, de douleur pressante, de détresse, d'*anxiété*, causé par des embarras, des difficultés, la nécessité.

TRANSPORT, TRANSLATION, TRANSFÉRER, TRANSPORTER.

Action de porter d'un lieu à un autre.

Transférer se prend dans un sens figuré.

Vous dites *transport*, *transporter*, toutes les fois que vous voulez rendre l'idée propre de *porter* ; et vous dites *transférer* lorsqu'il s'agit de faire changer de place à un objet sans le *porter*. On *transporte* des denrées, des marchandises, de l'argent, qu'on porte, qu'on voiture, et on ne les *transfère* pas : on *transfère* un marché, une fête, une résidence qu'on change, qu'on place, qu'on établit ailleurs ; on ne les porte ni ne les voiture.

On *transporte* ses marchandises, et on *transfère* son magasin ; on *transporte* ses meubles, et on *transfère* sa résidence : on ne porte pas la résidence, les magasins, comme on porte les meubles, les marchandises.

On *transporte* enfin des choses mobiles : on *transfère* des objets stables par eux-mêmes.

La *translation* ne regarde que certains objets ; le *transport* embrasse un plus grand nombre de choses. Toutes les fois que l'idée physique de *transport* n'est pas assez rigoureusement applicable à l'objet, dans un sens figuré et moral, il convient mieux de dire *translation* ; ce qui n'empêche pas qu'on ne dise souvent *transporter* dans le sens particulier et moral de *transférer*.

TRAVAIL, LABEUR.

Le *travail* est une application soigneuse ; le *labeur* est un *travail* pénible.

L'homme est né pour le *travail* ; le malheureux est condamné au *labeur*.

Le *labeur* est un *travail*, un exercice de la main et du corps : l'art mécanique fait un *labeur*.

à TRAVERS, au TRAVERS.

A travers marque purement et simplement l'action de passer par un milieu, et d'aller par-delà ou d'un bout à l'autre.

Au travers marque particulièrement l'action et l'effet de pénétrer dans un milieu ; de le percer de part en part ou d'outre en outre.

Vous passez *à travers* le milieu qui vous laisse un passage, une ouverture, un jour : vous passez *au travers* d'un milieu dans lequel il faut vous faire un passage, vous faire une ouverture, vous faire jour pour passer. Nous disons plutôt passer son épée *au travers* du corps, et passer *à travers* les champs.

Un espion passe habilement *à travers* le camp ennemi, et se sauve. Le soldat se jette tout *au travers* d'un bataillon, et l'enfonce.

TRÉBUCHER, BRONCHER.

Ces mots désignent l'accident de faire un faux pas.

Broncher ne se dit que des animaux: *trébucher* se dit aussi des choses; mais alors il signifie tomber.

On *trébuche* lorsqu'on perd l'équilibre, et qu'on va tomber. On *bronche* lorsqu'on fait un faux pas, qu'on cesse d'aller droit et ferme, pour avoir *chopé*, heurté contre un corps pointu ou éminent. Celui qui n'a pas le pied ferme est sujet à *trébucher*; celui qui marche dans un mauvais chemin est sujet à *broncher*.

TRÉPAS, MORT, DÉCÈS.

Trépas est poétique, et emporte dans son idée le passage d'une vie à l'autre. *Mort* est du style ordinaire, et signifie précisément la cessation de vivre. *Décès* est de l'usage du palais et de l'administration, et marque proprement le retranchement du nombre des mortels.

Mort se dit à l'égard de toutes sortes d'animaux; les deux autres ne se disent qu'à l'égard de l'homme.

Le *trépas* est le passage de cette vie à une autre vie, le grand passage. La *mort* est l'extinction de la vie, la perte de tout sentiment. Le *décès* est la sortie hors de la vie, de la société de ce monde, la fin du cours ou de la carrière humaine.

Il y a les *trépassés* et les *morts*; il y a aussi les *défunts*.

Le *défunt* s'est acquitté de la vie; il a rempli sa charge, il a vécu. Le *trépassé* vit encore, mais d'une vie nouvelle. Le *mort* n'est plus, il est cendre et poussière.

Trépassé n'est que du style religieux et ordinaire. Le peuple dit plutôt *défunt*; le langage poli préfère *feu*.

TRÈS, FORT, BIEN.

Très désigne proprement le plus haut degré dans la comparaison; il ne marque point d'autre intention que celle d'exprimer à quel point une chose est ou nous paraît être telle.

Fort n'indique qu'un haut degré indéfini, sans marquer le plus haut; mais il est affirmatif.

Bien est également un peu vague; mais il marque un sentiment d'approbation ou d'improbation.

Vous dites qu'un homme est *très-sage*, pour fixer le degré de sa sagesse: vous dites qu'il est *fort* sage, pour assurer qu'il l'est beaucoup: vous dites qu'il est *bien* sage, pour

exprimer votre approbation et votre satisfaction.

TROMPER, DÉCEVOIR, ABUSER.

Tromper, c'est induire malicieusement dans l'erreur ou le faux ; *décevoir*, y engager par des moyens séduisans ou spécieux ; *abuser*, y plonger par un abus odieux de ses forces et de la faiblesse d'autrui.

On vous *trompe* en vous donnant pour vrai ce qui est faux, pour bon ce qui est mauvais. On vous *déçoit* en flattant vos goûts et en connivant à vos idées. On vous *abuse* en captivant votre esprit et en vous livrant à la séduction.

On *trompe* tout le monde, et même beaucoup plus habile que soi. On *déçoit* les gens qui s'en rapportent aux apparences, qui voient facilement en beau, qui aiment à se flatter, qui abondent dans leur sens. On *abuse* les personnes faibles, crédules, vives, qui ne soupçonnent pas qu'on veuille les tromper, qui se passionnent pour l'objet qu'on leur présente.

TROUPE, BANDE, COMPAGNIE.

Plusieurs personnes jointes pour aller ensemble, font la *troupe*. Plusieurs personnes séparées des autres pour se suivre et ne se point quitter, font la *bande*. Plusieurs personnes réunies par l'occupation, l'emploi ou l'intérêt, font la *compagnie*.

En parlant des animaux, la *troupe* est nombreuse ; la *bande* va par détachement et à la file ; la *compagnie* vit ensemble et forme une sorte de famille. Des *troupes* d'insectes, des *bandes* d'étourneaux, des *compagnies* de perdrix.

TUMULTUEUX, TUMULTUAIRE.

Tumultueux signifie qui excite beaucoup de tumulte, ou qui se fait avec beaucoup de tumulte : *assemblée tumultueuse.*

Tumultuaire se dit de ce qui est fait dans le tumulte, comme en tumulte, avec précipitation, en grande hâte, sans ordre, contre les formes : *résolutions, lois, délibérations tumultuaires.*

Nous appelons *tumultueux*, au propre et au figuré, de grands mouvemens irréguliers, incertains, désordonnés.

TUYAU, TUBE.

Cylindre creux en dedans, servant à donner passage à l'air ou à tout autre fluide.

Tube est un terme de science ; *tuyau* est de l'usage ordinaire. Le physicien et l'astronome se servent de *tubes* ; nous employons différentes sortes de *tuyaux* pour conduire les liquides. L'ingénieur en instrumens de physique et de mathématiques fait des *tubes* ; l'ouvrier en plomb, en fer, en maçonnerie, fait des *tuyaux.*

On appelle *tuyaux* les tiges cylindriques des plumes d'oiseau, celles du blé, du chanvre, et des autres plantes qui ont la tige creuse.

On dit le *tube* d'un fusil, d'un canon, et de tout autre corps dont il ne s'agira que de désigner la forme. Le *tuyau* est plutôt un ouvrage propre pour tel usage.

TYPE, MODÈLE.

Le *type* porte l'empreinte de l'objet; le *modèle* en donne la règle. L'un vous représente ce que les objets sont aux yeux; l'autre vous montre ce que les objets doivent être.

Le *type* est fidèle, il est tel que la chose; le *modèle* est bon, il faut faire la chose d'après lui.

Vous tirerez des espèces de copies du *type*, par impression; vous en ferez le *modèle*, par imitation. L'imprimeur ou le typographe travaille sur des *types*; le sculpteur, comme le peintre, travaille d'après des *modèles*.

O 5

U

Uni, plain.

CE qui est *uni* n'est pas raboteux ; ce qui est *plain* n'a ni enfoncement ni élévation.

Union, jonction.

L'*union* regarde particulièrement deux différentes choses qui se trouvent bien ensemble. La *jonction* regarde proprement deux choses qui se rapprochent l'une auprès de l'autre.

Le mot *union* enferme une idée d'accord ou de convenance. Celui de *jonction* semble supposer une marche ou quelque mouvement. On dit l'*union* des couleurs, et la *jonction* des armées ; l'*union* de deux voisins, et la *jonction* de deux rivières.

Ce qui n'est pas *uni* est divisé ; ce qui n'est pas *joint* est séparé.

Union s'emploie souvent au figuré ; mais on ne se sert de *jonction* que dans le sens littéral.

Unique, seul.

Une chose est *unique*, lorsqu'il n'y en a point d'autre de la même espèce ; elle est *seule*, lorsqu'elle n'est pas accompagnée.

Usage, coutume.

Ce que la plus grande partie des gens pratiquent est en *usage*. Ce qui s'est pratiqué depuis long-temps est une *coutume*.

L'*usage* s'introduit et s'étend ; il fait la mode. La *coutume* s'établit, et acquiert de l'autorité ; elle forme l'habitude.

L'*usage* regarde proprement les choses dont on se sert, dont on use, avec des vues d'intérêt, de jouissance, d'utilité. La *coutume* regarde particulièrement les choses que l'on fait assez souvent, fréquemment, les actions ordinaires, les manières sur-tout. L'*usage* est une pratique constante ; la *coutume*, une habitude familière.

User, se servir, employer.

User, c'est faire *usage* d'une chose ; en jouir, la consommer, selon le droit ou la liberté qu'on a d'en disposer à son gré et à son avantage. On *use* de sa chose, de son droit, de ses facultés.

Se servir, c'est tirer un *service* d'une chose, selon les pouvoirs et les moyens qu'on a de s'en aider dans l'occasion donnée. On *se sert* d'un agent, d'un instrument, d'un moyen, comme on le peut, comme on le sait.

Employer, c'est faire une application particulière d'une chose, selon les propriétés qu'elle a, et le pouvoir que vous avez d'en régler la destination. On *emploie* les choses,

les personnes, ses moyens, ses ressources, un
ouvrier, de l'argent, comme on le juge convenable.

Usurper, envahir, s'emparer.

Usurper, c'est prendre injustement à son
légitime maître, par voie d'autorité et de
puissance : on *usurpe* des biens, des droits ,
un pouvoir.

Envahir, c'est prendre tout d'un coup ,
par voie de fait, quelque pays , sans prévenir par aucun acte d'hostilité.

S'emparer, c'est précisément se rendre
maître d'une chose, en prévenant les con-
currens et tous ceux qui peuvent y préten-
dre avec plus de droit.

Utilité, profit, avantage.

L'*utilité* naît du service qu'on tire des choses. Le *profit* naît du gain qu'elles produisent.
L'*avantage* naît de l'honneur ou de la commodité qu'on y trouve.

Je souhaite, dit Girard, que mon ouvrage
soit *utile* au lecteur, qu'il fasse le *profit* du
libraire, et qu'il me procure l'*avantage* de
l'estime publique.

V

VACANCES, VACATIONS.

VACANCES se dit de la cessation des études publiques dans les écoles et dans les collèges; *vacations*, de la cessation des séances d gens de justice.

VACARME, TUMULTE.

Vacarme emporte l'idée d'un plus grand bruit, et *tumulte*, celle d'un plus grand désordre. Une seule personne fait quelquefois du *vacarme*; le *tumulte* suppose toujours qu'il y a un grand nombre de gens.

VAINCRE, SURMONTER.

Vaincre suppose un combat contre un ennemi qu'on attaque et qui se défend. *Surmonter* suppose seulement des efforts contre quelque obstacle qu'on rencontre et qui fait de la résistance. Il faut du courage et de la valeur pour *vaincre*; de la patience et de la force pour *surmonter*.

On se sert de *vaincre* à l'égard des passions, et de *surmonter* pour les difficultés.

VAINCU, BATTU, DÉFAIT.

Ces termes s'appliquent en général à une armée qui a eu du dessous dans une action.

Une armée est *vaincue*, quand elle perd le champ de bataille; *battue*, quand elle le perd avec un échec considérable; *défaite*, lorsque cet échec va au point que l'armée est dissipée, ou tellement affaiblie, qu'elle ne puisse plus tenir la campagne.

Vaincu et *défait* ne s'appliquent qu'à des armées, ou à de grands corps; on dit d'un détachement qu'il a été *battu*.

VAINEMENT, INUTILEMENT, EN VAIN.

On a travaillé *vainement*, quand on l'a fait sans succès, et *en vain*, quand on l'a fait sans fruit. L'ouvrage est manqué dans le premier cas; l'objet est manqué dans le second. On a travaillé *inutilement*, quand on a fait un ouvrage utile qui ne sert point, dont les autres ne profitent pas.

VALET, LAQUAIS.

Valet s'applique en général à tous ceux qui servent. *Laquais* a un sens particulier, qui ne convient qu'à une sorte de domestique. Le premier désigne proprement un homme de service, et le second un homme de suite.

VALÉTUDINAIRE, MALADIF, INFIRME, CACOCHYME.

Le *valétudinaire* flotte entre la bonne ou la mauvaise santé, ou de l'une à l'autre; il est d'une santé chancelante.

Le *maladif* est sujet à être malade ; il a un principe particulier et actif de maladie, et il en éprouve souvent les effets.

L'*infirme* a le corps mal constitué ; il est privé de la jouissance ou de la liberté de quelque fonction ; il est affligé de quelque dérangement d'organes.

Le *cacochyme* est plein d'humeurs dépravées.

VALEUR, COURAGE.

La *valeur* sert au guerrier qui combat ; le *courage*, à tous les êtres qui, jouissant de l'existence, sont sujets à toutes les calamités qui l'accompagnent.

Le *valeureux* peut manquer de *courage* ; le *courageux* est presque toujours maître d'avoir de la *valeur*.

VALEUR, PRIX.

Le mérite des choses en elles-mêmes en fait la *valeur*, et l'estimation en fait le *prix*. Il ne faut pas toujours juger de la *valeur* des choses par le *prix* qu'elles coûtent.

VALLÉE, VALLON.

Vallée semble signifier un espace plus étendu ; *vallon*, un espace plus resserré, ayant quelque chose d'agréable ou de champêtre.

VANTER, LOUER.

Vanter, c'est dire beaucoup de bien des gens, et leur attribuer de grandes qualités, soit qu'ils les ayent, ou qu'ils ne les ayent pas. *Louer*, c'est approuver, avec une sorte d'admiration, ce que les gens ont dit ou fait, soit que cela le mérite ou ne le mérite pas.

Vanter suppose que la personne dont on parle est différente de celle à qui la parole s'adresse ; ce que le mot de *louer* ne suppose point.

VARIÉTÉ, DIVERSITÉ, DIFFÉRENCE.

La *variété* consiste dans un assortiment de plusieurs choses différentes, quant à l'apparence et aux formes. La *diversité* consiste dans des *différences* assez grandes pour que deux objets qui concourent ensemble, ne se ressemblent pas, ou ne s'accordent pas, ou ne se rapportent pas l'un à l'autre ; de manière qu'ils semblent former un autre ordre de choses. La *différence* consiste dans la qualité ou la forme qui appartient à une chose exclusivement à l'autre, de manière qu'elle empêche de les confondre ensemble.

La *variété* suppose plusieurs choses dissemblables et rassemblées comme sur un même fond ; la *diversité* suppose une opposition et un contraste ; la *différence* suppose la ressemblance.

VEDETTE, SENTINELLE.

La *vedette* est à cheval, la *sentinelle* à pied : l'une et l'autre sont mises en faction pour veiller à la sureté du corps dont elles sont détachées.

VEILLER à, VEILLER sur, SURVEILLER.

On *veille à*, afin que, pour que : on *veille à* une chose, à son exécution, à sa conservation. On *veille sur*, au-dessus, par-dessus : on *veille sur* ce qui est fait, *sur* les gens qui font la chose ; on *veille sur* les objets, *sur* les personnes, *sur* ce qu'on a dans sa dépendance, sous son inspection, en sa garde. On *surveille* d'office, avec charge ou autorité : on *surveille* les personnes.

VÉLOCITÉ, VÎTESSE, RAPIDITÉ.

La *vélocité* est la qualité du mouvement fort et léger ; la *vîtesse*, celle du mouvement prompt et accéléré ; la *rapidité*, celle du mouvement impétueux et violent. La *vélocité* d'un oiseau, la *vîtesse* d'un cheval, la *rapidité* d'un torrent.

VÉNAL, MERCENAIRE.

La chose *vénale* est à vendre ; on l'acquiert. Le *mercenaire*, au contraire, n'est qu'au jour le jour, il est au plus offrant ; aujourd'hui pour, demain contre. Un écrivain qui se vend alternativement est *mercenaire*, et sa plume est *vénale*, car elle aliène définitivement ce qu'elle émet.

Le caractère de la *vénalité* est de transmettre sa propriété; celui du *mercenaire* n'est que de la louer à temps : en sorte que l'homme *vénal* n'est pas toujours *mercenaire*.

Vendre, Aliéner.

Vendre, c'est donner, céder pour de l'argent, pour un certain prix, une chose dont on a la propriété, la libre disposition. *Aliéner*, c'est transférer à un autre la propriété d'un bien qu'on lui vend ou qu'on lui donne, dont on le rend le maître d'une manière ou d'une autre. On *vend* ce que quelqu'un achète ; on *aliène* ce qu'un autre acquiert.

Tout ce qui s'apprécie en argent se *vend*. On n'*aliène* que des fonds, des rentes, des droits, une succession, un mobilier qui tient lieu de fonds.

On n'*aliène* que ce qu'on a ; mais on *vend* quelquefois ce qu'on n'a pas, comme, par exemple, son crédit, son honneur, sa conscience : c'est sur-tout quand on n'en a pas qu'on les *vend*.

Vénération, Révérence, Respect.

La *vénération* est un profond *respect* ; c'est l'hommage de l'humilité ou de la supplication. La *révérence* est une crainte respectueuse ; c'est l'hommage de la soumission ou de la faiblesse. Le *respect* est une distinction honorable ; c'est l'hommage de l'infériorité ou de l'abaissement volontaire.

La *vénération* exprime une sorte de piété ; la *révérence*, un sentiment presque semblable à celui de la crainte filiale ; le *respect*, une estime distinguée par le rang supérieur qu'elle affecte aux personnes.

VÉNIMEUX, VÉNÉNEUX.

Ils signifient l'un et l'autre qui a du venin. *Vénimeux* ne se dit que des animaux, ou des choses qui sont infectées du venin de quelque animal ; et *vénéneux* ne se dit que des plantes.

Vénimeux exprime l'action d'introduire, d'insinuer, d'aigrir le venin. Le corps *véné-neux* ne vous communique son venin que par l'usage que vous en faites ; l'insecte *venimeux* vous communique le sien par l'atteinte qu'il vous porte.

VÉRIFIER, AVÉRER.

Vérifier, employer les moyens de se con-vaincre ou de convaincre quelqu'un qu'une chose est véritable, exacte. *Avérer*, prouver, constater qu'une chose est vraie, réelle. Vous *vérifiez* un rapport, pour savoir s'il est véri-table ou fidèle ; vous *avérez* un fait, en assu-rant qu'il est vrai ou réel. Quand le rapport est vrai, le fait est *avéré*.

Verser, répandre.

Ces deux verbes marquent proprement l'effusion d'une liqueur hors du vase qui la contenait. *Verser* marque cette effusion, sans rien indiquer de ce que devient la liqueur ; *répandre* y ajoute, par idée accessoire, que la liqueur n'est plus en corps, que les élémens en sont épars. On *verse* du vin dans un verre ; on ne le *répand* pas. Un tonneau percé, d'où le vin sort, *répand*, et ne *verse* pas. *Verser*, c'est épancher à dessein une liqueur dans un vase ; *répandre*, c'est laisser tomber cette liqueur sans le vouloir.

On *verse* en bas ; on *répand* en tout sens. Le ciel *verse* la pluie sur nos campagnes ; le soleil y *répand* ses rayons.

Vestige, trace.

Le *vestige* est l'empreinte laissée par un corps sur l'endroit où il a posé et pesé ; la *trace* est un trait quelconque de l'objet, imprimé ou décrit d'une manière quelconque sur un autre corps. Tout *vestige* est *trace* ; mais les *traces* ne sont pas toutes des *vestiges* ; car les traits ne sont pas tous formés par l'impression seule du corps.

Le *vestige* n'est guère qu'une *trace* très-légère et très-imparfaite de l'objet, comme l'empreinte du pied : la *trace* en représente quelquefois la forme entière, ou du moins la dessin, comme l'empreinte d'un corps étendu sur le sable. On ne dit pas de grands *vestiges*, comme de grandes *traces.* Un pas est le *vestige* d'un homme : un sillon est la *trace* d'un peuple policé.

On cherche, on découvre les *vestiges* ; on reconnaît, on suit les *traces.*

Vestige ne se dit guère qu'au pluriel.

VÊTEMENT, HABILLEMENT, HABIT.

Vêtement exprime simplement ce qui sert à couvrir le corps. *Habillement* a une signification plus composée : outre l'essentiel de vêtir, il renferme un rapport à la forme, à la façon dont on est vêtu, et s'étend non-seulement à tout ce qui sert à couvrir le corps, mais encore à tout ce qui n'est que de parure et de pur ornement, comme rubans, colliers, pierreries, etc. *Habit* a un sens bien plus restreint que les deux autres mots ; il ne signifie que ce qui est robe, ou ce qui tient de la robe, comme le justaucorps, la veste, la culotte, la robe, le corset. La chemise et la cravatte sont des *vêtemens*, et non pas des *habits*.

VÊTU, REVÊTU, AFFUBLÉ.

Vêtu se dit des habits ordinaires. *Revêtu* s'applique aux habillemens établis pour distinguer, dans l'ordre civil, des emplois, les honneurs et les dignités. *Affublé* est d'un usage ironique pour les habillemens extraordinaires et de caprice.

Vexer, molester, tourmenter.

Vexer exprime particulièrement un abus d'autorité ou de pouvoir par une sorte de persécution.

Ce qui est à charge, ce qu'il est difficile de supporter, ce qui pèse sur nous jusqu'à nous blesser ou nous fatiguer, nous *moleste*.

Tourmenter, c'est causer une agitation violente, qui vous fait pour ainsi dire tourner en tout sens, ne vous permet point le repos, et vous tient dans une souffrance, une peine ou une gêne continuelle.

Vous êtes *vexé* par la violence qui veut vous dépouiller injustement. Vous êtes *molesté* par des charges, des attaques, des poursuites qui vous harcèlent. Vous êtes *tourmenté* par toutes sortes de peines dont la force et la continuité ne vous laissent point de repos.

Viande, chair.

Viande porte avec lui une idée de nourriture que n'a pas celui de *chair*. Toute *viande* se mange, et il y a des *chairs* qui ne se mangent pas.

Chair a un rapport particulier à la composition physique de l'animal. Une *chair* tendre, dure, courte, belle, etc. De plus, *chair* ne se dit que des parties molles; *viande*, au contraire, se dit d'une portion de substance animale mêlée de parties molles et de parties dures.

On dit *chair*, et non pas *viande* de perdrix, de poulet, de lièvre, et en général de tout le gibier.

VIBRATION, OSCILLATION.

Mouvement alternatif ou réciproque qui revient sur lui-même.

Vibration exprime tout mouvement alternatif ou réciproque sur lui-même, dont la cause réside uniquement dans l'élasticité : tels sont les mouvemens des cordes *vibrantes* et des parties internes de tout corps sonore : tels sont aussi les balanciers, les montres, qui font leurs *vibrations*, en vertu de l'élasticité des ressorts spiraux qu'on leur applique.

Oscillation exprime tout mouvement alternatif ou réciproque sur lui-même, dont la cause réside uniquement dans la pesanteur ou gravitation : tels sont les mouvemens des ondes, et tous ceux des corps suspendus d'où dérive la théorie des pendules.

Le mouvement de *vibration* mesure les sons ; le mouvement d'*oscillation* mesure les temps.

VICE, DÉFAUT, IMPERFECTION.

Ces trois mots désignent en général une qualité répréhensible.

Vice marque une mauvaise qualité morale, qui procède de la dépravation ou de la bassesse du cœur.

Défaut marque une mauvaise qualité de

l'esprit, ou une mauvaise qualité purement extérieure.

Imperfection est le diminutif de *défaut*.

La négligence dans le maintien est une *imperfection*. La difformité et la timidité sont des *défauts*. La cruauté et la perfidie sont des *vices*.

VICIEUX, PERVERS, CORROMPU, DÉPRAVÉ.

L'homme *vicieux* est porté au mal par un défaut de sa nature, ou par une mauvaise habitude qui le lui a rendu naturel. L'homme *dépravé* est perverti par l'habitude du mal au point de n'avoir plus de goût que pour ce qui est mauvais. L'homme *corrompu* est celui en qui l'habitude du mal a détruit le germe du bien. L'homme *pervers* est opposé au bien par inclination ; il est ennemi du bien.

On est *vicieux* par de mauvais penchans ; *dépravé* par la corruption des sentimens naturels ; *corrompu* par la destruction de tout principe aussi bien que de tout sentiment ; *pervers* par un sentiment actif de méchanceté.

On dit un caractère *vicieux*, un goût *dépravé*, un cœur *corrompu*, une ame *perverse*.

VIDUITÉ, VEUVAGE.

État d'une personne qui a été mariée, et qui a perdu son conjoint.

La *viduité* est l'état actuel du survivant des deux conjoints qui n'a pas encore passé à un

autre

autre mariage. Le *veuvage* est le temps que dure cet état. Un long et pénible *veuvage*.

VIEUX, ANCIEN, ANTIQUE.

Ils enchérissent l'un sur l'autre : *antique* sur *ancien*, et celui-ci au-dessus de *vieux*.

Une mode est *vielle* lorsqu'elle cesse d'être en usage ; *ancienne*, lorsque l'usage en est entièrement passé ; *antique*, lorsqu'il y a déjà long-temps qu'elle est *ancienne*.

Ce qui est récent n'est pas *vieux* ; ce qui est nouveau n'est pas *ancien* ; ce qui est moderne n'est pas *antique*.

La *vieillesse* regarde particulièrement l'âge : l'*ancienneté* est plus propre à l'égard de l'origine des familles : l'*antiquité* convient mieux à ce qui a été dans des temps fort éloignés de ceux où nous vivons.

VIGOUREUX, FORT, ROBUSTE.

On est *vigoureux* par les mouvemens et les efforts qu'on fait. On est *fort* par la solidité et la résistance des membres. On est *robuste* par la bonne conformation des parties qui servent aux fonctions naturelles.

Un homme *vigoureux* attaque avec violence. Un homme *fort* porte d'un air aisé ce qui accablerait un autre. Un homme *robuste* est à l'épreuve de la fatigue.

VIOL, VIOLEMENT, VIOLATION.

C'est l'infraction de quelque devoir considérable : la différence des objets violés fait celle des termes.

Le *viol* est le crime de celui qui attente par force à la pudicité d'une fille ou d'une femme.

Violement ne se dit que de l'infraction de ce qu'on doit observer, et ce mot exige toujours un complément qui fasse connaitre la nature du devoir trangresssé. Le *violement* des bienséances.

Violation se dit spécialement des choses sacrées ou très-respectables, quand elles sont comme profanées. La *violation* des tombeaux. La *violation* des lois, des droits, etc.

VIOLENT, EMPORTÉ.

Le *violent* va jusqu'à l'action ; l'*emporté* s'arrête ordinairement aux discours. L'un est prompt à frapper ; l'autre est prompt à dire des injures, et il se fâche aisément.

VIS-À-VIS, EN FACE, FACE-À-FACE.

Vis-à-vis désigne le rapport de deux objets qui sont en vue l'un de l'autre, en perspective l'un à l'autre, qui se regardent, qui sont sur la même ligne de rayon visuel. Deux arbres sont *vis-à-vis* l'un de l'autre.

En face ne marque pas un rapport ou un

aspect rigoureusement direct entre les deux objets. Une maison est *en face* d'un édifice, quoique la face de l'une ne corresponde pas parfaitement à la face de l'autre.

Face-à-face indique, au contraire, que la face d'un objet correspond directement à la face de l'autre, du-moins dans une certaine étendue. Deux maisons sont situées *face-à-face* l'une de l'autre; mais deux arbres sont *vis-à-vis* l'un de l'autre; parce que *vis-à-vis* fait abstraction de l'étendue des objets, désignée par le mot *face*.

Viscères, intestins, entrailles.

Les *viscères* sont des organes intérieurs destinés à produire dans les alimens ou dans les humeurs, des changemens utiles à la santé ou à la vie : le cœur, le foie, les poumons, comme les boyaux, sont des *viscères*.

Les *intestins* sont proprement des substances charnues et membraneuses qui servent à digérer, à purifier, à distribuer le chyle, et à vider les excrémens. Tout cela est renfermé dans les *entrailles*, mais indistinctement et indéfiniment, de manière qu'un *viscère*, un *intestin*, fait partie des *entrailles*.

Les *viscères* se distinguent comme des corps différens. Les *intestins* forment un corps continu, qui est le canal *intestinal*. On distingue les *entrailles* par un caractère de sensibilité qu'on leur attribue. Elles ont donc un caractère moral : on a des *entrailles*, lorsqu'on a un cœur sensible ; on est sans *entrailles*, quand on manque de sensibilité.

VISION, APPARITION.

La *vision* se passe dans les sens intérieurs, et ne suppose que l'action de l'imagination. L'*apparition* frappe de-plus les sens extérieurs, et suppose un objet au dehors.

Les cerveaux échauffés et vides de nourriture croient souvent avoir des *visions* : les esprits timides et crédules prennent quelquefois pour des *apparitions* ce qui n'est rien, ou ce qui n'est qu'un jeu.

VISQUEUX, GLUANT.

Gluant signifie ce qui est fait comme de la *glu*, ce qui a la qualité de s'attacher. *Visqueux* signifie ce qui s'attache avec force, ce qui a la propriété essentielle ou très-énergique de se coller, de tenir fortement aux objets auxquels il s'attache.

La bave des limaçons est *gluante*. Le miel, la colle, certains onguens sont *visqueux*.

VÎTE, TÔT, PROMPTEMENT.

Vîte exprime mieux le mouvement avec lequel on agit : ce qui se fait *vîte* ne se fait pas lentement ; on avance en allant *vîte*.

Tôt regarde le moment où l'action se fait ;

son opposé est *tard*. Le crime est puni *tôt* ou *tard*.

Promptement a plus de rapport au temps qu'on emploie à la chose : son opposé est *long-temps*. On achève *promptement*.

VIVACITÉ, PROMPTITUDE.

La *vivacité* tient beaucoup de la sensibilité et de l'esprit : les moindres choses piquent un homme *vif*; il sent d'abord ce qu'on lui dit, et réfléchit moins qu'un autre dans ses réponses.

La *promptitude* tient davantage de l'humeur et de l'action : un homme *prompt* est plus sujet aux emportemens qu'un autre, il a la main légère, il est expéditif au travail.

L'indolence est le contraire de la *vivacité*; et la lenteur l'est de la *promptitude*.

VOGUE, MODE.

La *mode* est un usage régnant et passager, introduit par le goût, la fantaisie, le caprice.

La *vogue* est un concours excité par la réputation, le crédit, l'estime, et par la préférence aux objets du même genre.

On fait grand usage d'une marchandise qui est à la *mode* : on court de toutes parts chez le marchand qui a la *vogue*.

La *mode* est une invention bien souvent renouvelée ; et la *vogue*, une impulsion quelquefois bien aveugle.

VOIE, MOYEN.

Manière de s'y prendre pour réussir.

La *voie* trace ou retrace notre marche, ce que nous avons à faire, ce que nous faisons avec suite. Le propre du *moyen* est d'agir, d'exécuter, de produire l'effet. La *voie* est bonne, juste, sage; elle va au but. Le *moyen* est puissant, efficace, sûr, il tend à la fin.

Sylla veut ramener Rome à la liberté. La *voie* qu'il prend, c'est la tyrannie : les proscriptions sont les *moyens* qu'il emploie.

VOILER, DÉGUISER, PALLIER, DISSIMULER.

Voiler, c'est se servir de l'apparence réelle de certaines choses pour en couvrir d'autres qu'on veut tenir cachées. *Déguiser*, c'est donner aux choses l'apparence des choses qui ne sont pas. *Pallier*, c'est présenter les choses sous une apparence adoucie. *Dissimuler*, c'est supprimer toutes les apparences. On *voile* ses défauts, on *déguise* ses intentions, on *pallie* ses fautes, on *dissimule* ses sentimens.

Se *déguiser* est toujours une sorte de fausseté ; *dissimuler* n'est souvent que prudence.

VOIR, APERCEVOIR.

Les objets qui ont quelque durée ou qui se montrent, sont *vus*; ceux qui fuyent ou qui se cachent, sont *aperçus*. On *voit* dans un visage la régularité des traits; et l'on y *aperçoit* les mouvemens de l'ame.

Voir, REGARDER.

On *voit* ce qui frappe la vue. On *regarde* où l'on jette le coup-d'œil. Nous *voyons* les objets qui se présentent à nos yeux. Nous *regardons* ceux qui excitent notre curiosité.

On *regarde* souvent sans *voir*; on *voit* souvent sans *regarder :* il suffit d'avoir les yeux ouverts pour *voir*; tandis que *regarder* suppose un acte de la volonté en vertu duquel les organes de la vue se dirigent sur les objets que nous voulons *voir*, et que nous ne voyons pas toujours.

Vol, volée, essor.

Le *vol* est l'action de s'élever dans les airs et d'en parcourir un espace. La *volée* est un *vol* soutenu et prolongé ou varié. L'*essor* est un *vol* hardi, haut et long; le plein *vol* d'un grand oiseau.

Au figuré, une personne prend son *vol*, lorsqu'elle s'affranchit de ses entraves et use de toute sa liberté; elle prend son *essor*, quand elle essaye librement ses forces, et s'abandonne à toute leur énergie.

Volonté, intention, dessein.

La *volonté* est une détermination fixe qui regarde quelque chose de prochain. L'*inten-*

tion est un mouvement ou un penchant de l'ame, qui envisage quelque chose d'éloigné, et y fait tendre. Le *dessein* est une idée adoptée et choisie, qui paraît supposer quelque chose de médité et de méthodique, et fait chercher les moyens d'exécution.

Il est d'un grand homme d'être ferme dans ses *volontés*, droit dans ses *intentions*, raisonnable dans ses *desseins*.

VOLUME, TOME.

Le *volume* peut contenir plusieurs *tomes*, et le *tome* peut faire plusieurs *volumes*. La reliûre sépare les *volumes*, et la division de l'ouvrage distingue les *tomes*, qui sont de grands chapîtres, de grandes sections.

VOUER, DÉVOUER, DÉDIER, CONSACRER.

Dans le style religieux, *vouer*, c'est promettre, engager, affecter d'une manière irrévocable, par l'expression d'un désir très-ardent. On *voue* ses enfans à Dieu. *Dévouer*, c'est attacher, adonner, livrer, sans réserve, sans restriction, par un zèle généreux, brûlant. On se *dévoue* au service de Dieu, à la mort. *Dédier*, c'est mettre sous l'invocation, sous les auspices, par un hommage public, solennel. On *dédie* une église, une chapelle, un autel à quelque saint. *Consacrer*, c'est dévouer religieusement, entièrement, inviolablement, par un vrai sacrifice, de manière à rendre la chose sacrée. On ne *consacre* qu'à Dieu. On *consacre* une église, le pain, le vin.

Dans le style ordinaire, on *voue* ses services à un prince, une éternelle gratitude à un bienfaiteur. On se *voue* à une profession. On se *dévoue* en vouant l'attachement, l'obéissance la plus profonde, jusqu'à tout sacrifier, même la vie. On *dédie* des ouvrages à un patron. On *consacre* son temps, ses veilles : on se *consacre* à des travaux, à l'étude, à des œuvres respectables qui occupent l'homme tout entier.

VOULOIR, AVOIR ENVIE, SOUHAITER, DÉSIRER, SOUPIRER, CONVOITER.

Tous ces mots qui expriment le mouvement par lequel l'ame se porte vers un objet, quel qu'il soit, sont d'un usage ordinaire, à l'exception de *convoiter*, qui est sur-tout du style religieux, et suppose un objet illicite. On *convoite* le bien d'autrui.

On *veut* un objet présent, et l'on en a *envie*; mais on le veut avec plus de connaissance et de réflexion, et l'on en a *envie* avec plus de sentiment et plus de goût. On *souhaite* et l'on *désire* des choses plus éloignées; mais les *souhaits* sont plus vagues, et les *désirs* plus ardens. On *soupire* pour des choses plus touchantes.

Nous *voulons* ce qui nous convient; nous

avons *envie* de ce qui nous plaît ; nous *sou-
haitons* ce qui nous flatte ; nous *désirons* ce
que nous estimons ; nous *soupirons* pour ce
qui nous attire.

Les *volontés* viennent de l'esprit : les *en-
vies* tiennent des sens : les *souhaits* se nour-
rissent d'imaginations : les *désirs* viennent
des passions : les *soupirs* partent du cœur.

Vrai, véridique.

L'homme *véridique* dit vrai ; l'homme
vrai dit le *vrai*.

L'homme *vrai* est *véridique* par caractère,
par la simplicité, la droiture, la véracité
de son caractère, et il l'est en tout, dans ses
actions comme dans ses discours.

L'homme *vrai* est le contraire de l'homme
faux ; l'homme *véridique* est le contraire du
menteur.

Vrai, véritable.

Vrai marque précisément la vérité de l'objet, la réalité de la chose, qui est telle qu'on
la dit.

Véritable désigne proprement la vérité
de l'expression, de l'exposition ; il signifie
qu'on dit la chose telle qu'elle est. Un récit
est *véritable* ; les faits qui y sont exposés
sont *vrais*.

Z

ZÉPHIR, ZÉPHIRE.

LE *zéphir* est un vent doux et léger, il souffle agréablement. *Zéphire* est le *zéphir* personnifié par les poètes ; il voltige, folâtre : on l'invoque, il commande ; les *zéphirs* obéissent.

Fin du second et dernier volume.